AF151965

Martina Dannheimer

1 Tag in Deutschlands schönsten Städten

Martinas Städte-Kurztrips nach Berlin, München, Hamburg, Dresden, Münster, Köln und Heidelberg

Bibliografische Information der Deutschen Nationalbibliothek:

Die Deutsche Nationalbibliothek verzeichnet diese Publikation in der Deutschen Nationalbibliografie; detaillierte bibliografische Daten sind im Internet über http://dnb.d-nb.de abrufbar.

Impressum:

Lektorat: Caroline Schnitzer, Peter Schmid-Meil

Copyright © 2013 GRIN & Travel

Ein Imprint der GRIN Verlag GmbH

1 Tag in Berlin

„Nicht nur lange Reisen machen Spaß" ist das Motto, nach dem ich lebe und meine Reiselust stille. Mit meinen Berichten „1 Tag in …" möchte ich zu Kurztrips inspirieren, aufzeigen, was man alles an einem Tag erleben kann, oder einfach nur unterhalten. Hier gibt es jede Menge Tipps und Karten zum Nachmachen für alle, die wenig Zeit zum Reisen haben oder deren Geldbeutel – wie meiner – nicht endlos gefüllt ist.

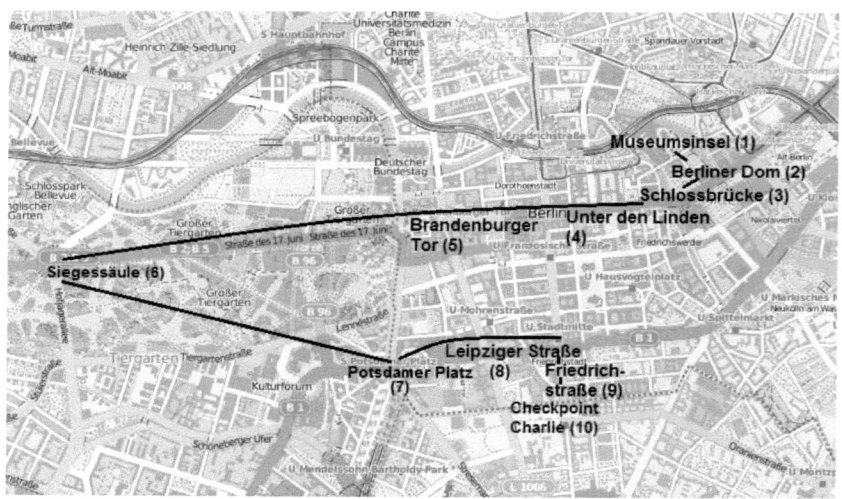

Berlin-Route Teil 1. Quelle: OpenStreetMap und Mitwirkende, CC BY-SA

Mit der Straßenbahn zum Hotel

Die Berliner Straßenbahn ist keine Tram

„Is jut, Frollein", raunzte der Busfahrer und würdigte mich keines Blickes. Dabei wollte ich doch nur danke dafür sagen, dass er mir die Türe zwar vor der Nase zugeknallt, sie jedoch zerknirscht wieder geöffnet hatte. Ihn schien es allerdings nicht sonderlich zu interessieren, dass ich schnaufend meinen zentnerschweren Koffer in die Linie 128 hievte. Manches ist eben an allen Orten dieser Erde gleich: Launische Busfahrer und Sprints zu öffentlichen Verkehrsmitteln gehören auf jeden Fall dazu – samt Übergepäck versteht sich.

Die Vorfreude auf meinen Hauptstadtbesuch war groß, allerdings musste ich ihn mir erst einmal sauer verdienen. Nach einer 20-minütigen Busfahrt stand ich mit heruntergeklappter Kinnlade an der Straßenbahn. Nein, liebe Berliner, ich nenne sie nie wieder Tram. Das habe ich mir einmal erlaubt und fühlte mich nach einem entgeisterten *„bitte was?"* wie ein Neandertaler bei seinem ersten Besuch in der Zivilisation. Jedenfalls sagte mir die Anzeigetafel, dass die STRASSENBAHN erst in 40 Minuten kommen würde. Aber nach nur fünf Minuten und bevor mein Blutdruck in den Bereich mittelschwerer Hypertonie stieg, tuckerte das Schienenfahrzeug schließlich herbei. *„Netter Scherz der Berliner Verkehrsgesellschaft"*, murmelte ich vor mich hin.

Was erwartet einen wohl in einem Hotelzimmer mit Schlüssel?

Rund 80 Minuten nach meiner Landung in Tegel stand ich endlich an der Rezeption meines Hotels, das sich im, nennen wir es mal ländlicheren Berlin, sprich in Pankow, befand. Vielleicht war das auch der Grund, weshalb ich einen Zimmerschlüssel bekam, einen echten Schlüssel. Das hatte es bei keinem meiner letzten 38 Hotelbesuche gegeben. Ich sehnte mich nach der gewohnten Chipkarte und überlegte kurz, ob ich mich spontan für eine andere Herberge entscheiden sollte. Wer wusste schon, was sich in einem Zimmer mit SCHLÜSSEL verbarg. Aber ich wollte mich nicht so anstellen und konnte mich mit meiner Behausung schließlich sogar anfreunden. Eigentlich war es eh egal, schließlich war ich nicht zum Schlafen in der Hauptstadt.

Berliner Dom, Schlossbrücke, Brandenburger Tor. Fotomotive in Hülle und Fülle

Der Berliner Dom

Nach weiteren Straßenbahn-, S- und U-Bahn-Fahrten – wer in der Provinz wohnt, muss Gefallen am Umsteigen finden – stand ich schließlich in der Nähe des Brandenburger Tors. Dachte ich zumindest. Beim Blick auf meinen Stadtplan stellte ich jedoch nach einigen Orientierungsschwierigkeiten fest, dass ich eine Haltestelle zu früh ausgestiegen war. Das machte aber nichts, denn wie ich auf meinem rund zwei Quadratmeter großen Papierstück erkennen konnte, lag die Museumsinsel (1) direkt auf meinem geplanten Spazierweg gen

Brandenburger Tor – wer hat sich das mit den faltbaren Stadtplänen bloß aus-gedacht?

Hurtig marschierte ich ausnahmsweise gleich in die richtige Richtung und knipste wie ein Weltmeister drauflos. Der Berliner Dom (2) sowie der Berliner Lustgarten zogen mich mit ihrer Schönheit derart in ihren Bann, dass ich sie unbedingt festhalten wollte.

Entspannen vor der Kulisse des Berliner Doms

Die Schlossbrücke mit ihren acht Skulpturen

Der Fernsehturm, der als Hintergrundkulisse des Doms in den Berliner Him-mel ragt, machte sich auf meinen Bildern ebenfalls recht gut. Nach meinem 20-minütigen Fotoshooting hatte sich die Akkulaufzeit von Frau Kolumna (meiner Kamera) um einen Balken reduziert, und ich beschloss, meinen Weg fortzusetzen. Ich spazierte über die Schlossbrücke (3) und bewunderte die acht Skulpturen, von Nike, Athena und Iris.

Das Brandenburger Tor als autofreie Zone

Von der Schlossbrücke über den Prachtboulevard „Unter den Linden" (4) ging es nun schnurstracks zum Brandenburger Tor (5). Es war zwar schon ein Weil-chen her, das hier die Grenze zwischen West und Ost verlief, dennoch hielt ich einen Moment inne und dachte an diese Zeit. Allzu viele Emotionen konnten allerdings nicht aufkommen, dafür war einfach zu viel Rummel auf dem Pariser Platz davor. Ein paar Künstler, Lebenskünstler, Polizisten und vor allem jede Menge Touristen tummelten sich dort. Autos musste ich allerdings in unmittelbarer Nähe nicht fürchten, das Brandenburger Tor darf ausschließlich zu Fuß durchschritten werden. Darf – und muss.

Autofreie Zone: das Brandenburger Tor

Lebenskünstler, Polizisten und vor allem Touristen en masse: der Pariser Platz

Die Straße des 17. Juni – der endlose Marsch Richtung Siegessäule

Der Reichstag – dieses Mal nur von außen

Während ich also durch das traditionsträchtige Tor stolzierte, hatte ich rechter Hand schon fast die nächste Sehenswürdigkeit vor der Linse: den Reichstag. Nettes Plätzchen, das unsere Bundeskanzlerin samt Konsorten als ihren Arbeitsort bezeichnen darf. Lange hielt ich mich dort jedoch nicht auf. Eine Führung stand zwar auf meinem imaginären Programm, aber ich würde Berlin sicher auch mal bei schlechtem Wetter besuchen. Informiert hatte ich mich dennoch schon: Eine 90-minütige Führung kostet nichts, es bedarf allerdings einer vorherigen schriftlichen Anmeldung. Ich investierte meine Zeit an diesem Tag lieber ins Verspeisen einer XXL-Portion Eis.

12

Die Siegessäule – majestätisch und erhaben

Allerdings nahm ich mir erst noch die Visite der Siegessäule (6) vor, bevor ich den kühlenden Gaumenfreuden frönte. Der Marsch auf der Straße des 17. Juni, die ihren Namen zum Gedenken an den Aufstand der DDR-Bürger im Jahre 1953 trägt, erwies sich als länger als vermutet. Als ich nach gefühlten zwei Stunden Fußmarsch vor dem 66,89 Meter hohen Bauwerk stand, bereute ich meine körperlichen Strapazen aber keineswegs. Die Siegessäule samt Goldelse, wie die Berliner die vergoldete Victoria auf der Spitze nennen, ist wirklich beeindruckend. Ihr majestätischer, erhabener Charme verkörpert auf jeden Fall den Grund ihrer Entstehung. So wurde die Siegessäule anlässlich des preußischen Sieges im Krieg zwischen Deutschland und Dänemark errichtet. So, nun genug gestaunt. Mein Eishunger wollte gestillt werden.

Zum Gedenken an den Erfolg von Preußen im Krieg zwischen Deutschland und Dänemark errichtet – die Siegessäule.

13

Der Tiergarten – ganz ohne Tiere

Daher schlenderte ich zurück in Richtung Brandenburger Tor, variierte meine Route jedoch etwas und durchstreifte den Tiergarten. Wer dort wie ich wilde Tiger und drollige Elefanten erwartet, wird jedoch enttäuscht, denn der Tiergarten ist ein Park. Nicht wirklich vergleichbar mit dem Englischen Garten in München, dem Hyde Park in London oder dem Central Park in New York, aber zumindest so in etwa. Ein Besuch lohnt sich bei schönem Wetter allemal, um ein bisschen auszuspannen, die zahlreichen Denkmäler oder einfach nur Fauna und Flora zu betrachten. Der Tiergarten ist Kurfürst Friedrich III. zu verdanken, der ihn im 17. Jahrhundert als Lustgarten für die Bevölkerung erbauen ließ.

Der Potsdamer Platz – Schluss mit dem Naturerlebnis

Das Naturerlebnis findet spätestens am Postdamer Platz (7) ein jähes Ende. Dort angekommen, stach mir sofort das riesige Sony Center ins Auge. Weil mir selbstverständlich bloßes Schauen nicht reichte, stand ich Sekunden später im Inneren des imposanten Kuppelbaus. Im Juni 2000 öffnete das Sony Center mit seinen insgesamt sieben Gebäuden zum ersten Mal seine Pforten. Mittlerweile beherbergt das hochmoderne Bauwerk zahlreiche Geschäfte, Restaurants, Wohnungen, das Legoland Discovery Centre und das Filmhaus.

Nun war es jetzt aber wirklich höchste Eiszeit für mich, und endlich stand ich mit Pistazie, Zitrone, Cookie und einem breiten Grinsen unter der strahlenden Berliner Sonne.

Altmodische Schilder und moderne Bauten am Potsdamer Platz

Checkpoint Charlie und Mauermuseum – im Gedenken an die DDR

Checkpoint Charlie

Gestärkt setzte ich auf der Leipziger Straße (8) und der Friedrichstraße (9) mein Sightseeing fort. Meine nächste Station hieß Checkpoint Charlie (10), der einstige militärische Kontrollpunkt. Den ehemaligen Grenzübergang zwischen Ost- und West-Berlin empfand ich als einen unglaublich bewegenden Ort, an dem sich ein großes und trauriges Kapitel in der Historie Berlins abspielte. Etwa die zahlreichen Fluchtversuche, häufig mit tödlichem Ausgang oder der Austausch von Agenten und Gefangenen. Mich überkam ein Gefühl von Gänsehaut. Zudem war es mittlerweile bitterkalt, und ich hoffte inständig, dass ich bald fotografiertaugliche Handschuhe finden würde. An diesem Tag musste ich noch mit meinen vereisten Fingern klarkommen.

Mauerreste und Mauermuseum

Am südlichen Ende der Friedrichstraße knipste ich trotz der Kälte wie wild die bemalten Mauerreste. Wenn deren Geschichte eine andere wäre, könnte man sich richtig an den Graffiti-Kunstwerken auf denselben erfreuen. Ich wechselte

15

die Straßenseite und betrat die Open Air Ausstellung <u>Checkpoint Gallery</u>, wo ich interessiert, teils sogar schockiert, die Tafeln, Bilder und Geschichten der DDR-Flüchtlinge studierte. Danach besuchte ich noch kurz das <u>Mauermuseum</u>, bevor ich Richtung Gendarmenmarkt weiterging.

Frieren am Checkpoint Charlie

Bunt bemalte Mauerstücke im Freedom Park am Checkpoint Charlie

Kult und Kulinarisches

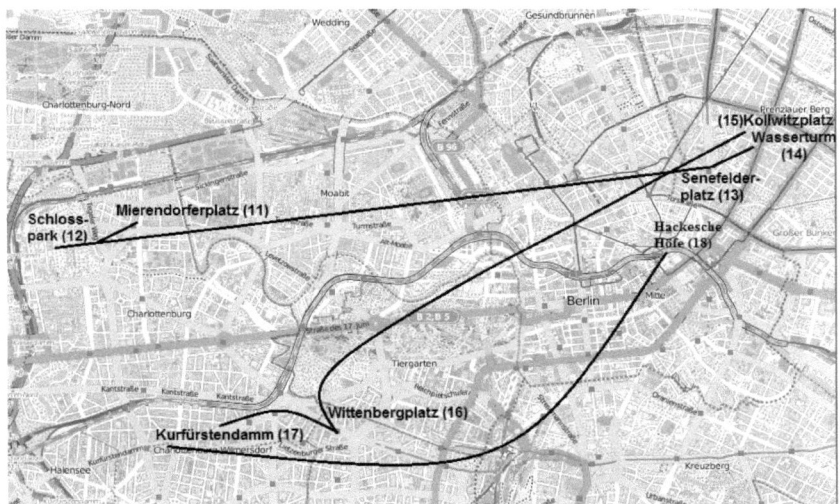

Schlosspark und Schlossgarten Charlottenburg

Manchmal ist U-Bahnfahren ein richtiges Erholungsprogramm: Ich rase bei meinen Städte-Trips meist wie wild durch die Gegend, und ein kleines Sitzpäuschen tut da ganz gut. So ließ ich mich also bequem und unterirdisch gen Charlottenburg kutschieren. An der Haltestelle Mierendorffplatz (11) erblickte ich wieder das Licht der Hauptstadt und stand wenig später an der Spree und im Schlosspark Charlottenburg (12). Hach, ich wusste gar nicht, wohin ich als Erstes schauen sollte.

Frau Kolumna, meine Kamera, war zum Glück in Bestform und meisterte ihre Schwerstarbeit bravourös. Ich flanierte durch den Schlossgarten, der als französischer Barockgarten errichtet und 1788 in einen englischen Landschaftsgarten umgewandelt wurde. Echte Hingucker sind die vielen Skulpturen und das Mausoleum, der Form nach einem dorischen Tempel nachempfunden. Zudem geriet ich als Wasserliebhaber bei dem kleinen See und dem achteckigen Brunnen samt Wasserfontäne ins Schwärmen. Aber irgendwann stellte ich fest,

17

dass ich nicht bloß von Eis, Luft und Landschaftsliebe leben konnte, und beschloss, mir etwas Essbares zu gönnen.

Schloss Charlottenburg lädt zum Träumen und Fotografieren ein.

Kult-Stadtteil Prenzlauer Berg

Also ging es wieder ab in den Untergrund, den ich am Senefelderplatz (13)
wieder verließ. Bei keiner meiner Berlin-Visiten hatte ich es bislang geschafft,
den Kult-Stadtteil Prenzlauer Berg zu besuchen. Aber heute war es soweit: Ich
lief drauflos und erspürte die Atmosphäre. Ein Café nach dem anderen lud zum
Essen ein, nur meine „Entscheidungsunfreudigkeit" stand der erfolgreichen
Nahrungsaufnahme im Weg. Der Hunger siegte aber und ich ließ mir ein le-
ckeres Sandwich samt Milchkaffee schmecken. Die Preise in Berlin förderten
meinen Appetit umso mehr.

Mir ist es immer wieder ein Rätsel, dass in einer solchen Mega-Stadt wie dieser die Preise und Mieten wesentlich niedriger sind als beispielsweise in Hamburg oder München. Das war an diesem Tag optimal für meinen Geldbeutel,
jedoch schlecht für meine Hüften.

Aber gut, ich wollte ja noch ein paar Kilometer laufen. Etwa vorbei am Was-
serturm (14), der bis 1952 in Betrieb war und heute als Wohnhaus dient, über

die Knaackstraße, bis hin zum Kollwitzplatz (15). Immer wieder blieb ich stehen und bewunderte die Fassaden der herrlichen alten Häuser.

Kult-Stadtteil Prenzlauer Berg

Kaufrausch

Shopping am Kurfürstendamm

Der Tag neigte sich seinem Ende zu und ich musste dringend noch shoppen. „Ku'damm" (17) schrie mein weibliches Gehirn reflexartig. *„Ich komme"*, brüllte ich inbrünstig zurück und saß sogleich in der U2. Selbige verließ ich kurz darauf am Wittenbergplatz (16) und befand mich, hach, in meinem Element. Das Kaufhaus des Westens und viele weitere Geschäfte reihten sich aneinander. Dazwischen Nobel- und Budgethotels, Restaurants und Coffee-Shops. Und natürlich Touristen, Gaukler, Bettler, Autos, einfach alles, was zu einer richtigen Großstadt gehört.

Kaufhaus des Westens – das KaDeWe

Für mich ergab sich sogleich ein schwerwiegendes Shopping-Problem. Sollte ich mir die neue Sommerkollektion eines bezahlbaren Modeimperiums antun oder eher die paar wenigen Stores auskundschaften, die Einzelstücke zu verkaufen schienen? Ich entschied mich für einen Taschenladen, der mich aufgrund seiner „Alles muss raus – nur noch für kurze Zeit"-Tafel schier zum Eintreten zwang. Dabei war mir ehrlich gesagt durchaus bewusst, dass der „Ausverkauf" dort wohl das ganze Jahr stattfand. Aber die Vernunft hatte bereits Feierabend, und ich verließ 55 Minuten später das Geschäft mit einer fliederfarbenen Handtasche in Übergröße. So eine brauchte ich dringend!

Shopping bis zum Umfallen: der Berliner Ku'damm

Weitershoppen in den Hackeschen Höfen

Bei meinem Blick auf die Uhr verspürte ich eine drängende Zeitnot. Der Ladenschluss nahte und ich wollte noch zu den Hackeschen Höfen (18), dem seit 1972 unter Denkmalschutz stehenden größten Hofareal des Landes. Da ich meine Pläne immer konsequent umsetze, kam ich dort auch kurz vor Ladenschluss an und versuchte, noch ein weiteres Schnäppchen zu erhaschen. Allerdings fehlten mir dafür mittlerweile leider zwei entscheidende Dinge: Energie und ausreichend Zeit. Deshalb fand ich mich mit einer dritten Alternative ab: dem Schlüssel zum (Erholungs-)Glück, alias mein Hotelzimmer.

Mein Fazit

Berlin finde ich schon alleine wegen des Dialekts toll. Doch die Hauptstadt punktet mit viel mehr: Eine bewegende Geschichte und Sehenswürdigkeiten au masse, Shoppingmeilen und ein grandioser Mix aus Internationalität, Moderne, Multikultur und Lässigkeit. Berlin ist auf jeden Fall eine Stadt, die man nicht in einem Tag erkunden kann und am besten immer wieder besucht.

Meine Bewertung:

Sightseeing:

Verkehrsmittel:

Essen & Trinken:

Shopping:

Links zu Berlin

Museumsinsel Berlin: http://www.museumsinsel-berlin.de/home/

Berliner Dom: http://www.berlinerdom.de/

Berliner Lustgarten: http://www.berlin.de/orte/sehenswuerdigkeiten/lustgarten/

Schlossbrücke: http://www.berlin.de/orte/sehenswuerdigkeiten/schlossbruecke/

Unter den Linden: http://www.berlin.de/orte/sehenswuerdigkeiten/unter-den-linden/

Brandenburger Tor: http://www.berlin.de/orte/sehenswuerdigkeiten/brandenburger-tor/

Reichstag: http://www.berlin.de/orte/sehenswuerdigkeiten/reichstag/

Siegessäule: http://www.berlin.de/orte/sehenswuerdigkeiten/siegessaeule/

Tiergarten: http://www.berlin.de/orte/sehenswuerdigkeiten/tiergarten/

Sony-Center: http://www.sonycenter.de/

Legoland Discovery Centre: http://www.legolanddiscoverycentre.de/berlin/

Checkpoint Gallery: http://www.bfgg.de/zentrum-kalter-krieg/checkpoint-gallery.html

Mauermuseum: http://www.mauermuseum.de/

Schlosspark Charlottenburg: http://www.berlin.de/ba-charlottenburg-wilmersdorf/org/gruenflaechen/gruenanlagen/schlossgarten-charlottenburg-index.html

Prenzlauer Berg: http://www.prenzlauerberg.de/

Kurfürstendamm: http://www.berlin.de/orte/sehenswuerdigkeiten/kurfuerstendamm/

Kaufhaus des Westens: http://www.kadewe.de/

Hackesche Höfe: http://www.hackesche-hoefe.com/

1 Tag in Dresden

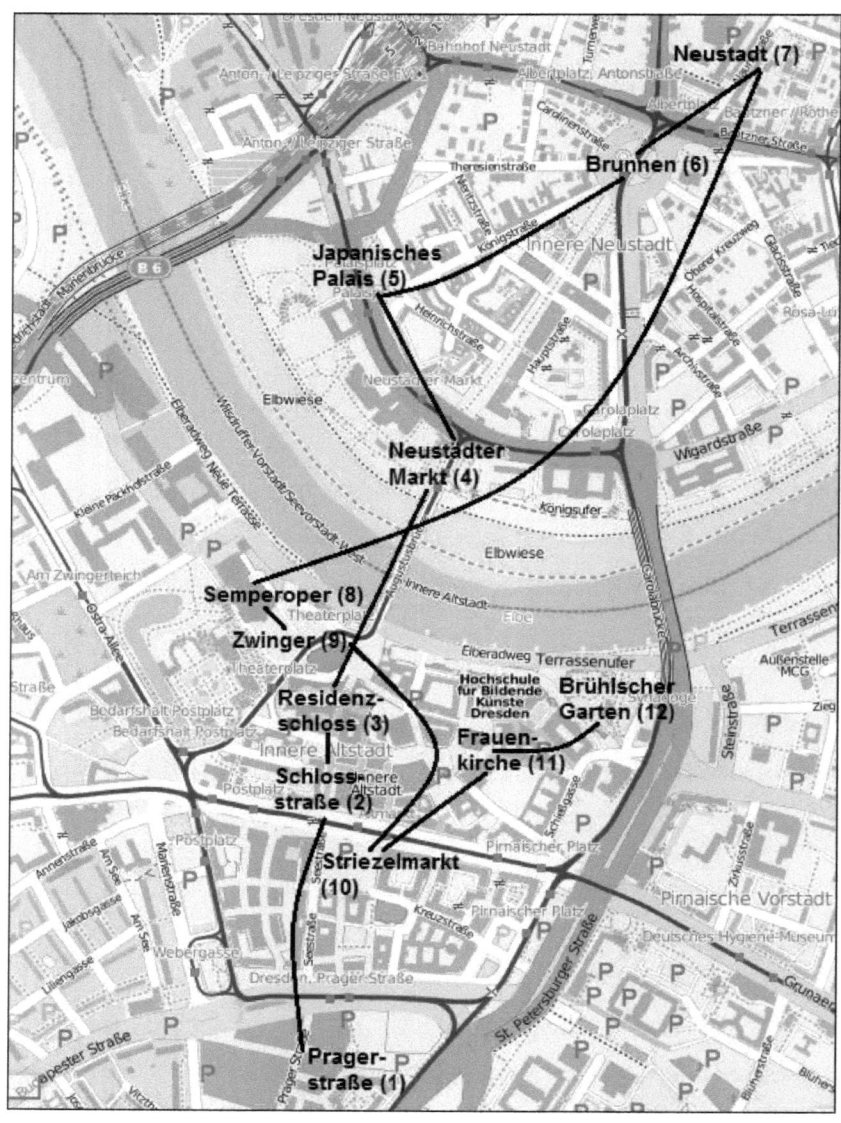

Dresden-Route. Quelle: OpenStreetMap und Mitwirkende, CC BY-SA

Im Bann des Residenzschlosses

Die Prager Straße – ein Shop nach dem anderen

Da war ich gerade mal fünf Minuten in Dresden und hatte schon eine Lieblingsstraße! Auf der Prager Straße (1) reiht sich nämlich ein Shop an den anderen – ganz nach meinem Geschmack. Ich überlegte kurz, ob ich mein Programm an diesem Wintertag ändern sollte, verwarf diesen unvernünftigen Gedanken jedoch gleich wieder. Neben der verführerischen und zugleich architektonisch reizvollen Einkaufsstraße, hat Dresden doch noch einiges mehr zu bieten. Und das alles an einem Tag zu erkunden, war ohnehin fast unmöglich. Also riss ich mich zusammen und spazierte weiter Richtung Altstadt.

Spazieren trifft es in der Tat am besten, denn ich kam nur schleppend voran. Was NICHT daran lag, dass ich an jedem zweiten Schaufenster stehenblieb, sondern daran, dass ich mich in einem steten Pulk aus Menschen fortbewegen musste. In Dresden fand gerade der Striezelmarkt statt, und irgendwie schien die halbe Welt genau dort hin zu schlendern. Aber da ich ein Innenstadt-gestählter Mensch bin, gingen die Strapazen spurlos an mir vorüber, und ich stand schließlich mit breitem Grinsen in der Schlossstraße (2).

Immer eine Verlockung – der Striezelmarkt

25

Das Residenzschloss – einfach imposant

Wunderschöne Häuser säumen diese Straße, zu meiner Linken bestaunte ich das Residenzschloss (3). Ich betrat neugierig den Innenhof und bewunderte die Decke und sämtliche Wandbilder. Mehr noch: In diesem imposanten Gebäude, einst die Machtzentrale Dresdens, sind unter anderem das Münzkabinett, die englische Treppe und die Fürstengalerie beheimatet.

Der angenehme Nebeneffekt dieser Kurzvisite: Meine Hände waren wieder aufgetaut. Ich war der eisigen Kälte und dem Wind dieses Tages für kurze Zeit entkommen. Der wundervolle wolkenlose Himmel war aber Lohn genug für meine Frostbeulen. Bevor ich durch das Schlosstor schritt, warf ich noch einen kurzen Blick in den Stallhof und stand schließlich vor König Friedrich August I. von Sachsen. Zumindest prangte seine Statue vor mir auf dem Schlossplatz.

König Friedrich August I. auf dem Schlossplatz

Unter seiner Hoheit sind vier Figuren postiert, die für Gerechtigkeit, Frömmigkeit, Milde und Weisheit stehen. Dazu entdeckte ich den folgenden Spruch: „Denn ewiglich wird er nicht wanken. Der Nachruhm des Gerechten bleibt ewig". Kurz dachte ich darüber nach, ließ mich jedoch schnell von entzückenden Vierbeinern nebenan ablenken. Die beiden Schimmel vor ihrer Kutsche zwangen mich förmlich zum Einsteigen. *„Nee"*, appellierte ich an mich selbst, *„die romantische Kutschfahrt durch die sächsische Hauptstadt* *hebe ich mir auf.“* Es bestand ja immerhin der Hauch einer Chance, irgendwann auch mal in Begleitung hierher zu reisen.

Die Kutschfahrt hob ich mir für meinen nächsten Besuch auf –
dann ja vielleicht mit Begleitung.

An diesem Tag mussten mich meine eigenen zwei Beine tragen und zwar als Nächstes über die Augustusbrücke. Anscheinend wirkte ich dermaßen ortskundig, dass ich gleich nach dem Weg gefragt wurde. Ich bedauerte ehrlich, nicht weiterhelfen zu können. Die Information, dass ich keine Einheimische war, erübrigte sich dank meines leichten Allgäu-Slangs immerhin.

Sehenswertes auf dem Weg in die Neustadt

Über die Augustusbrücke zum Neustädter Markt

Hach, ich holte tief Luft. Und gleich noch zweimal. Die Aussicht von der Brücke musste ich mir rundum einverleiben. Besonders toll fand ich, dass ich meinem Lieblingsfluss, der Elbe, einmal außerhalb von Hamburg frönen konnte. Doch allzu langes Stehen, insbesondere an einem zugigen Ort wie der Augustusbrücke, sollte man bei Minusgraden vermeiden. Und ich wollte sowieso weiter in die Neustadt.

Blick von der Augustusbrücke

Wie immer vor meinen Reisen hatte ich mich im Freundes- und Bekannten-
kreis in puncto Hotspots informiert und man hatte mir einen Abstecher in die
Neustadt nahegelegt. Szenig, lässig, alternativ und total anders als die Altstadt,
lauteten die Empfehlungen. Meinen Weg dorthin unterbrach ich exakt dreimal:

Der erste Stopp erfolgte am Neustädter Markt (4). Zum einen musste ich mir
am dortigen Weihnachtsmarkt einen Maiskolben gönnen, zum anderen kam
ich nicht drumherum, den goldenen Reiter zu begutachten. Ich habe eine
Schwäche für Gold. Nicht, dass ich mir 5.000 Euro teure Ohrringe anhängen
müsste – mal abgesehen davon, dass ich weder den Geldbeutel noch den Mann
dazu habe. Ich mag einfach die Optik, Gold hat etwas Edles, Faszinierendes.
Der goldene Reiter sieht übrigens nicht nur gut aus, sondern stellt den sächsi-
schen Kurfürsten und polnischen König August den Starken dar.

Der Goldene Reiter funkelte in der Sonne.

Das Japanische Palais und seine inneren Werte

Mein nächster Zwischenstopp auf dem Weg zur Neustadt war das Japanische Palais (5). Hier lassen sich berühmte Kulturschätze Dresdens bewundern, so zum Beispiel die Porzellan- und Münzsammlung oder Wandmalereien aus Pompeji.

Allerdings ist das Gebäude nicht ganz so spektakulär geworden, wie von August dem Starken ursprünglich geplant, denn er wollte eigentlich ein Porzellanschloss errichten lassen. Ich fand die schließlich erbaute Alternative durchaus ganz passabel. Wie üblich zählen vor allem die inneren Werte, die etwa mit dem Museum für Völkerkunde und wechselnden Ausstellungen als durchaus hochwertig sind.

Ich schlich mich ums Haus und kam mir fast wie ein Einbrecher vor. Im Gegensatz zu den bislang besuchten Sehenswürdigkeiten traf ich hier auf keine Menschenseele. Statt mich lange zu fragen, warum das so war, lief ich weiter – wahrscheinlich hatte ich schlichtweg Glück. *„Soll ich mal ein Foto von Ihnen machen? Dann haben sie eine Erinnerung"*, fragte plötzlich ein freundlicher Anzugträger einen Passanten. Ich grinste. Zum einen über den herrlichen Dialekt, zum anderen, weil weit und breit kein berühmtes Bauwerk oder Ähnliches in Sichtweite war. Aber ein nettes Foto mitten auf einer Dresdener Seitenstraße kann ja durchaus eine schöne Erinnerung sein.

Kein Porzellanschloss, aber trotzdem schön: das Japanische Palais

Der Zwillingsbrunnen „Stürmische Wogen" und „Stilles Wasser"

Mich wollte leider niemand fotografieren, somit musste ich mich höchstpersönlich um meine Erinnerungsstücke kümmern. Zu diesen gehörte seit zwei Sekunden ein Bild der Zwillingsbrunnen „Stürmische Wogen" und „Stilles Wasser" von Robert Diez am Albertplatz (6), meinem dritten Stopp auf dem Weg in die Neustadt. Die beiden Brunnen zeigen mit ihren Figuren, wie unterschiedlich Wasser sein kann.

Zwillingsbrunnen „Stürmische Wogen" und „Stilles Wasser"

Und juhuuu, einWegweiser verriet mir, dass ich gleich in der <u>Neustadt</u> (7) ankommen würde. Ein letztes Mal musste ich die Straße überqueren – nur allzu gerne ließ ich mich von den herzallerliebsten Ost-Ampelmännchen dirigieren. Die grünen und roten Gesellen sehen einfach weit knuffiger aus als ihre westlichen Kollegen.

Die Neustadt – einfach anders

Ja, es ist ganz nett in der Neustadt und tatsächlich empfand ich das Flair als völlig anders als in der Altstadt. Während man in der Altstadt gar nicht weiß, welches historische Bauwerk man als Erstes bewundern soll, erspähte ich in der Neustadt nicht viele Sehenswürdigkeiten. Es ist die Atmosphäre, die den Reiz dieses Stadtteils ausmacht. Ich jedenfalls war äußerst angetan, vor allem abends dürfte sich ein Besuch lohnen, denn es gibt dort jede Menge Studentenkneipen und Bars.

Szenig, aber nicht viele Sehenswürdigkeiten: die Dresdner Neustadt

Kultur in der Altstadt: Semperoper, Zwinger und Frauenkirche

Mit dem Vorsatz, mir irgendwann in diesem Leben in der Neustadt noch einen Cocktail zu gönnen, tingelte ich wieder zurück in die Altstadt, denn es warteten noch ein paar Kulturkracher auf mich. Immerhin konnte ich Dresden auf keinen Fall verlassen, ohne Zwinger, Semperoper und Frauenkirche besucht zu haben.

Die Semperoper – ein Spiel in drei Akten

Also marschierte ich zurück und nach 20 Minuten stand ich fast ehrfürchtig vor der weltberühmten Oper (8). Ich inspizierte das Bauwerk im Stil der italienischen Hochrenaissance etwas genauer. Zugegeben, für Kultur und Klassik habe ich nicht viel übrig, aber tief in mir mussten sich wohl doch ein paar Sympathien für dieses Genre verstecken. Jedenfalls buchte ich in Gedanken ein Ticket für Verdis Don Carlo und shoppte das passende Abendkleid. Da ich meine Sinne wieder zusammentrommeln musste, setzte ich es auf die Liste „bis 40 erledigt haben". Fünf Jahre dürften für mein Vorhaben ja hoffentlich ausreichen.

Ich bewunderte die Semperoper nur von außen.

An diesem Tag führte ich mir ergänzend die sechs Herrschaften an der Außenfassade zu Gemüte, immerhin allesamt große Berühmtheiten. Neben den allseits bekannten Gesichtern von Schiller, Goethe und Shakespeare zieren Sophokles, Molière und Euripides das beeindruckende Operngebäude. Die Semperoper, die man heute bewundern kann, ist übrigens die dritte Version.

So errichtete Gottfried Semper zwischen 1838 und 1841 das „erste" Operngebäude, selbiges fiel allerdings im Jahre 1869 einem Brand zum Opfer. Der danach errichtete zweite Bau wurde 1945 bei Luftangriffen zerstört. Da sich der anschließende Wiederaufbau äußerst zeitintensiv gestaltet hatte, öffnete die Semperoper erst im Jahre 1985 ihre Pforten erneut.

Vor der Semperoper befindet sich der Theaterplatz mit Reiterstatue.

Der Zwinger und sein bezaubernder Innenhof

Viel Zeit hatte ich nicht, um die Eindrücke von der Semperoper sacken zu lassen. Denn quasi gegenüber befindet sich der Zwinger (9), ein weiteres Wahrzeichen von Dresden. Ich trat durch den Eingang und stand etwas hilflos im Innenhof. Ich wusste gar nicht, wohin ich zuerst blicken sollte. Allein das Barockgebäude ist eine solche Augenweide, dass bereits der Anblick von außen faszinierend genug war.

Kulturliebhaber sehen das ganz bestimmt anders, denn innerhalb der geschichtsträchtigen Mauern finden sich mit der Gemäldegalerie „Alte Meister", der Rüstkammer und Porzellansammlung sowie dem Mathematisch-Physikalischen Salon herausragende Attraktionen. Ich beschränkte mich allerdings auf das zauberhafte Flair im Innenhof.

Winterliches Zauberflair im Innenhof des Dresdner Zwingers.

Frauenkirche und die Verlockungen des Striezelmarktes

Fast beging ich noch einen folgenschweren Fehler: Ich wählte den Weg zur
Frauenkirche (11) so, dass er mich am Striezelmarkt (10) vorbeiführte. Und
ausgehungert wie ich war, hätte ich um ein Haar mein Sightseeing mit hem-
mungsloser Völlerei vorzeitig beendet. Zum Glück konnte ich den letzten
Funken Enthusiasmus für ein berühmtes geistliches Gebäude reanimieren und
schaute schließlich nach oben, hinauf zur circa 95 Meter hohen Spitze der
Frauenkirche. Ähnlich beeindruckt hatte mich in der Riege der Gotteshäuser
nur der Kölner Dom.

Die Frauenkirche in ihrer vollen Pracht

Um die 1.600 Personen passen in die Frauenkirche, die im Jahre 1743 unter den Fittichen von Georg Bähr fertiggestellt wurde. „Frau" steht übrigens für die Mutter Gottes – nicht dass noch jemand glaubt, der Eintritt sei der holden Weiblichkeit vorbehalten... Andächtig und fröstelnd ging ich nun um das grandiose Gebäude. Auf dem Rasen zwischen der Frauenkirche, dem Albertinum, der Synagoge und der Kunstakademie, fand ich eine Ansammlung von Schildern mit den Namen vieler Künstler – fast wie eine Ausstellung, die für eine Ausstellung wirbt.

Schilder mit Künstlernamen

Mit einem leichten Lächeln im Gesicht schlenderte ich zum Abschluss durch den Brühlschen Garten (12) am Terrassenufer, blickte auf die Elbe und genoss diesen wunderschönen Tag. Und zugegebener Maßen auch mein Schafskäse-Fladenbrot – mit viel Knoblauch, versteht sich. Das hatte ich mir noch auf dem Weihnachtsmarkt gegönnt. Anschließend freute ich mich auf meinen reservierten Platz im Zug nach Hause.

Festung Dresden und Brühlsche Terrassen

37

Mein Fazit

Ein Bummel durch die Dresdener Altstadt ist wie eine große Sightseeing-Tour. Ein imposantes Bauwerk reiht sich an das nächste – Kulturliebhaber kommen voll auf ihre Kosten. Eine tolle Abwechslung und originelle Kneipen findet man in der Neustadt. Darüber hinaus hat mich die Herzlichkeit der Menschen sehr beeindruckt.

Meine Bewertung:

Sightseeing:

Verkehrsmittel:

Essen & Trinken:

Shopping:

Links zu Dresden

Residenzschloss: http://www.skd.museum/de/museen-institutionen/residenzschloss/index.html

Münzkabinett: http://www.skd.museum/de/museen-institutionen/residenzschloss/muenzkabinett/index.html

Neustädter Markt: http://www.neustaedtermarkt.de/

Japanisches Palais: http://www.skd.museum/de/museen-institutionen/japanisches-palais/index.html

Semperoper: http://www.semperoper.de/

Dresdner Zwinger: http://www.der-dresdner-zwinger.de/

Frauenkirche Dresden: http://www.frauenkirche-dresden.de/

Neustadt: http://www.dresden-neustadt.de/

Striezelmarkt: http://www.dresden.de/de/05/02/veranstaltungen/04-Weihnachten-in-Dresden.php?shortcut=Striezelmarkt

1 Tag in Hamburg

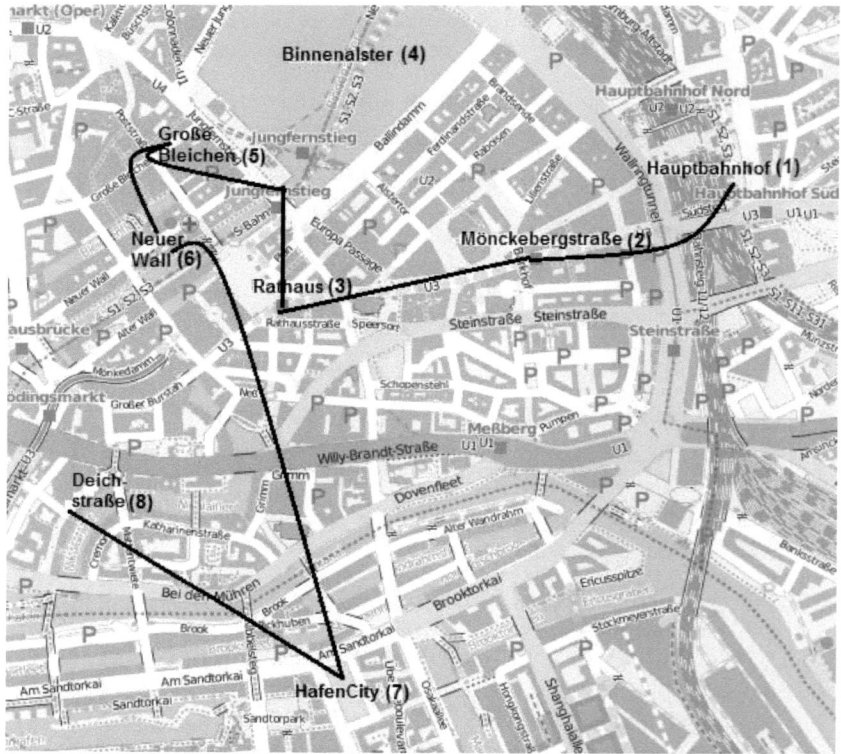

Hamburg-Route Teil 1. Quelle: OpenStreetMap und Mitwirkende, CC BY-SA

Shoppen und ein Krabbensnack

Ein Krabbenbrötchen muss sein

„Hamburg, meine Perle, du wundervolle Stadt. Du bist mein Zuhause, du bist mein Leben, du bist die Stadt, auf die ich kann." Ich saß mit Gepäckberg und Franzbrötchen in der S-Bahn von Fuhlsbüttel in Richtung Jungfernstieg. Während ich so vor mich hin mampfte, hörte ich Hamburgs Hymne. Eigentlich das Lied des HSV, aber schließlich ist der Hamburger Sportverein ein Stück Hamburg. Das Lied stimmte mich so richtig auf meine deutsche Lieblingsstadt ein. Mein Herz pochte und ich war aufgeregt, was auch daran liegen konnte, dass

ich bereits am Berliner Tor war und immer noch nicht entschieden hatte, ob ich erst der Alster, dem Hafen oder dem Gänsemarkt ein leidenschaftliches „Moin Moin" entgegen rufen sollte.

Na gut, ich stieg einfach an der nächsten Haltestelle, dem Hauptbahnhof (1), aus und verstaute dort mein Gepäck. Obwohl mein Magen durch das Franz-brötchen ausreichend versorgt war, gönnte ich mir ein weiteres lukullisches Willkommensgeschenk: ein Krabbenbrötchen. Zum einen stellte ich damit den herzhaften Ausgleich zum süßen Plundergebäck her, zum anderen ist der Ver-zehr mindestens eines Meerestieres in Hamburg Pflicht – für mich jedenfalls. Genüsslich essend stand ich vor dem Bahnhofsgebäude an einer Ampel und ein Sekundenzähler zeigte an, wann sie auf grün umschalten würde. Elf Se-kunden trennten mich noch von der Mönckebergstraße (2), der Mö, wie sie liebevoll von den Hanseaten genannt wird.

Die Türme spiegeln sich in der Binnenalster

Shopping in Hamburg: Europa-Passage, Große Bleichen, Neuer Wall

Ich hielt es nur neun Sekunden aus und hastete während der Rot-Endphase über den Steintorwall. Shopping-Meilen üben eben eine magische Anzie-hungskraft auf mich aus. Da ich keinen unnötigen (Einkaufs-)Balast mit mir

41

herumschleppen wollte, hatte ich meine Kauflaune allerdings wider Erwarten im Griff und flanierte nahezu ohne Geldverlust gen Alster. Ein paar Meter an der Alster entlang schlendern, den keifenden Schwänen zuschauen und mich wie eine Hamburger Deern fühlen, genau das wollte ich jetzt. Und genau das machte ich auch. Kurz spähte ich zur Europa-Passage, dem schicken Einkaufszentrum auf fünf Etagen, machte einen kurzen Abstecher zum Rathaus (3)und erreichte die Binnenalster (4).

Das prunkvolle Rathaus von Hamburg

Touristen warteten in einer Schlange, um gleich zu einer Bootstour auf dem Fluss aufzubrechen. Ich saugte die kalte, meeresfrische Luft in mich auf und genoss den Wind. An und für sich mochte ich keinen Wind – nur in Hamburg. Während ich meine Nase noch in die frische Brise hielt, steuerte ein Japaner auf mich zu und drückte mir seine Kamera in die Hand. Ich ließ meine fotographischen Künste walten und lichtete den Herrn samt Gattin ab. Ob man als Japaner mit Fotoapparat um den Hals zur Welt kommt?

Ich widmete mich nun endlich den edlen Boutiquen, einladenden Cafés und Straßenmusikern auf den Großen Bleichen (5) sowie dem Neuen Wall (6). Obwohl ich bloß guckte anstatt zu shoppen, war der Bummel eine seelische Brotzeit für mich. Da ich schätzungsweise 27 Mal stehen blieb, um dem Flair zu frönen, war ich über eine Stunde beschäftigt.

Hamburger Schilderwald – wo ging's doch gleich zum Shopping?

Hafenrundfahrt für lau

Am Rathaus stieg ich in die U3 und ließ mich zum Hafen kutschieren. Da die U-Bahn zwischen dem Rödingsmarkt und den Landungsbrücken, meinem Ziel, oberirdisch fährt, genoss ich einen fantastischen Blick auf den Hamburger Hafen. Da lag er nun vor mir, der größte Seehafen Deutschlands. Warum Hamburg das Tor zur Welt genannt wird, war mir spätestens jetzt klar. Meine Blicke folgten einem riesigen Containerschiff, das majestätisch langsam und tutend an mir vorbeifuhr. Im Hintergrund ragten zahlreiche Kräne in den weißblauen Himmel, gebaut wurde hier wohl immer.

Nicht minder fasziniert betrachtete ich die kleinen Segelboote. Segeln erinnerte mich an Welt umrunden, vom Boot aus Baden, abends mit der Crew Sangria trinken und selbst gekochtes Labskaus essen. Fast meinte ich, den Atlantik zu sehen. Nein, ich war in Hamburg, und das war gut so.

Genauso gut war, dass ich jetzt Schifffahren durfte – für lau. Denn anstatt eine teure Hafenrundfahrt zu buchen, durfte ich mit meinem HVV-Ticket gratis die Fähre benutzen. Gleich sieben Linien gibt es: 61, 62, 64, 72, 73, 75 sowie Cranz-Blankenese. Meine Runde mit der 62 begann an den Landungsbrücken, führte über den Fischmarkt, vorbei am <u>Museumshafen Övelgönne</u> nach Finkenwerder und wieder zurück. Ich war begeistert!

Blick auf den Hamburger Hafen

HafenCity und Deichstraße Ahoi

Die HafenCity – keine Pause für die Kamera

Ich spazierte das letzte Stück an der Hafenpromenade entlang und gelangte zur Speicherstadt, die mit dem angrenzenden Neubaugebiet den Hamburger Stadtteil <u>HafenCity</u> (7) bildet. Während ich durch die Gassen wandelte und kontinuierlich meine Kamera zückte, erfreute ich mich am Anblick der Backsteinhäuser, engen Fleete und passierenden Barkassen. Kurzzeitig zog ich den Besuch einer der Ausstellungen in Betracht. Besonders lohnend ist das <u>Maritime Museum</u> mit seinen unzähligen Schiffen, Seekarten, Gemälden etc., oder das <u>Miniatur Wunderland</u> mit faszinierenden Spielzeug-Eisenbahnwelten.

Was für ein Anblick – die Speicherstadt

Gruseln wäre ebenfalls mein Ding gewesen, weshalb ich dem Hamburg Dungeon nur schwer widerstehen konnte. Szenen aus der Hamburger Geschichte, etwa Störtebekers Hinrichtung, sorgen dort für Angst und Schrecken. Da mir die Sonne aber mit so viel Lebensfreude ins Gesicht strahlte, entschied ich mich, weiterhin bei ihr zu bleiben und den Tipp einer Freundin zu befolgen. Diese hatte mir nämlich zum Besuch der Deichstraße (8) geraten. Da sei alles so niedlich. Artig (und neugierig) stiefelte ich also hin und hatte gedanklich rosa Hütten und Plüschsofas vor Augen.

Die Deichstraße – niedlich oder hartnäckig?

Als ich in dem kleinen Gässchen gegenüber der Speicherstadt ankam, präsentierte sich mir zwar ein anderes Bild, enttäuscht war ich allerdings trotzdem nicht. Denn ich fühlte mich tatsächlich wie in einer anderen Welt, ein klitzekleines bisschen zumindest. So ist die Deichstraße das letzte Überbleibsel aus dem alten Hamburg. Was meine liebe Freundin als niedlich bezeichnete, darf genauso gut als hartnäckig betitelt werden.

Schließlich trotzte die Deichstraße nicht bloß dem großen Brand im Jahre 1842 – zumindest die Häuser im südlichen Teil der Straße –, sondern ebenfalls sämtlichen Sanierungswellen und dem Zweiten Weltkrieg.

Als es vor gut 40 Jahren Abrisspläne für das historische Pflaster gab, machte sich die eigens dafür gegründete Initiative „Rettet die Deichstraße" für ihren Erhalt stark – mit Erfolg. Nach ein paar Restaurierungsarbeiten blieb fast alles beim Alten. Da in einigen Häusern Restaurants und Boutiquen beheimatet sind, wird das Ur-Hamburger Fleckchen am Nikolaifleet heute zu einem Erlebnis für alle Sinne.

Die Alt-Hamburger Deichstraße

Blankenese – Das Viertel der Gutbetuchten

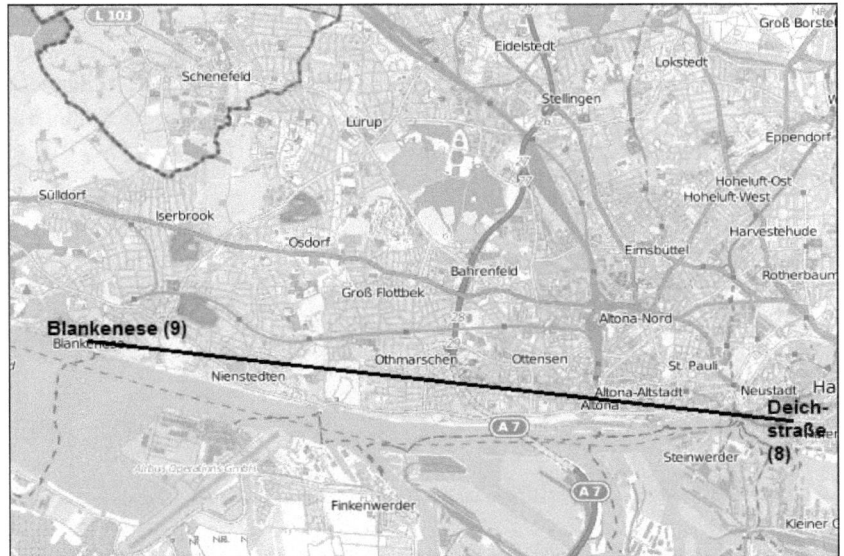

Hamburg-Route Teil 2. Quelle: OpenStreetMap und Mitwirkende, CC BY-SA

Das Treppenviertel

„Blankenese" (9) schoss es mir durch den Kopf. Ein Abstecher in den Westen von Hamburg durfte auf meinem Trip auf keinen Fall fehlen: Also los. Dazu musste ich allerdings doch für 30 Minuten der Sonne entsagen, um mich von der S1 ins Viertel der Gutbetuchten kutschieren zu lassen. Meine Vorfreude konnte selbst die Fahrt per Schienenersatzbus zwischen Altona und Klein Flottbek kaum trüben Der Ausblick nach einem zehnminütigen Fußmarsch entschädigte mich sowieso für den unbequemen Shuttlebus. Durchs Treppenviertel mit seinen charmanten Häusern und insgesamt ca. 5.000 Stufen schritt ich dem zweitlängsten Fluss Deutschlands entgegen. Hätte ich es nicht besser gewusst, hätte ich das Gefühl gehabt, das Meer breite sich vor mir aus. Zumindest lief ich durch Sand und ließ mich von der leichten Brise am Ufer entlang treiben.

Der Elbstrand

Einige hunderte Meter vor mir erhob sich am Elbstrand ein kleiner Leucht-
turm, über dessen Wendeltreppe ich nach oben stieg. Gut, es waren bloß wenige Meter bis zum Ausguck, meine bekannte Höhenangst machte sich dennoch
rasch bemerkbar. Deshalb stiegen wir beide auch schleunigst wieder hinunter.

Hier wohnt eine Menge Geld – Blankenese

Während meines Rückwegs begutachtete ich das ehemalige Fischerdorf Blankenese, das sich – vom Elbstrand aus betrachtet – auf einem kleinen Hügel
befindet. Und als ich das Treppenviertel wieder hinaufkeuchte, kam mir dieser
kleine Hügel gleich deutlich größer vor. Den Gipfelsturm auf Blankeneses
Süllberg, immerhin 88 Meter hoch, ersparte ich mir deshalb lieber. Die tempo-
räre Schnappatmung tat meiner Begeisterung jedoch keinen Abbruch – im
Gegenteil. Das wahrlich mediterrane Flair, die überwiegend weißen Villen
nebst den verschachtelten Gässchen erinnerten an Gefilde rund um die Riviera.

Zurück im Herzen von Hamburg

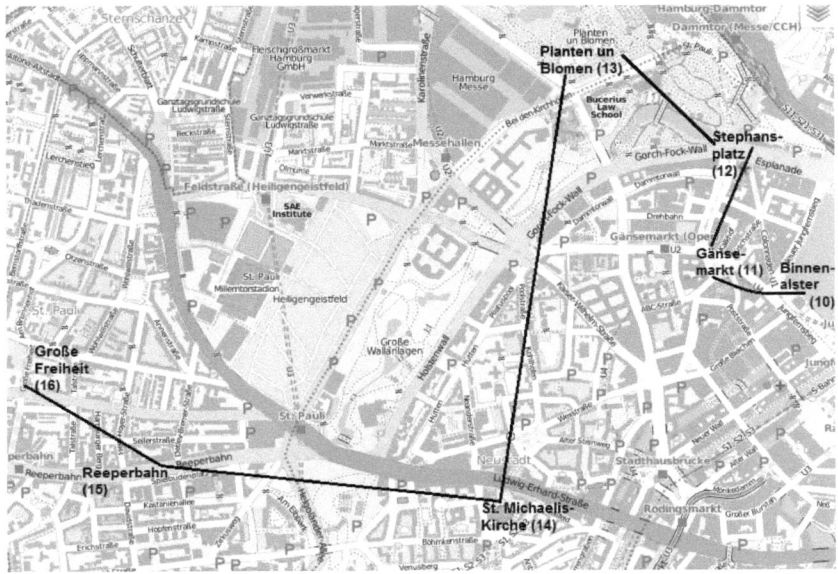

Hamburg-Route Teil 3. Quelle: OpenStreetMap und Mitwirkende, CC BY-SA

Von der Binnenalster bis zu „Planten un Blomen"

Bereichert von herrlichen Eindrücken war ich nach einer Stunde S-Bahn- und Ersatzbusfahrt zurück im Herzen von Hamburg. Nun wählte ich den Jungfernstieg als Ausstieg, einfach wunderschön! Ich bummelte nochmals ein Stück an der Binnenalster (10) entlang, wechselte meine Marschrichtung gen Gänsemarkt (11) und kam am Stephansplatz (12) an. Fein, denn ich wollte „Planten un Blomen" (13), plattdeutsch für „Pflanzen und Blumen", besuchen. Die 47 Hektar große Parkanlage mit dem alten botanischen Garten sowie den großen und kleinen Wallanlagen ist ein traumhaft schönes Erholungs- und Flanierareal im Herzen der Hafenmetropole. Dreimal war Planten un Blomen sogar Schauplatz der Internationalen Gartenausstellung (IGA), und zwar in den Jahren 1953, 1963 und 1973.

Im Park Planten un Blomen

Nach dem kostenlosen Eintritt stellte sich mir gleich die erste Entscheidungsfrage. Erst einmal Richtung Stadtgraben laufen und die Mittelmeerterrassen genießen oder lieber zur Visite des Japanischen Gartens schreiten, dem größten seiner Art in Europa? Ihr seht schon, man sollte Zeit mitbringen, um dem Komplettprogramm zu frönen. Darin enthalten wären zudem der Rosengarten mit seinen rund 300 Rosensorten und der Apothekergarten, der mit Kräutern und Heilpflanzen in den „Sieben Höfen der Gesundheit" die Besucher begeistert.

Wem der Sinn nach großer weiter Welt steht, der kommt im tropischen und subtropischen Gewächshaus auf seine Kosten. Bei Sonne und warmen Temperaturen laden auch noch die vielen Liegestühle zum Chillen ein. Noch toller und ebenfalls kostenlos sind die Wasserlichtkonzerte. Jeden Abend vom 1. Mai bis zum 30. September hüpfen die farbigen Wasserfontänen zum Klang von klassischer Musik.

Frömmigkeit und Party – Hamburg verspricht beides

Die Hauptkirche St. Michaelis zu Hamburg

Bevor ich mich ins hemmungslose Vergnügen auf St. Pauli stürzte, rief noch ein etwas frömmerer Tagesordnungspunkt. Ich wollte dem Michel guten Tag sagen, was in Hamburg so viel bedeutet, wie in die Kirche gehen. Und eben nicht in irgendeine, sondern in die Hauptkirche St. Michaelis, kurz „Michel" (14) genannt– das Wahrzeichen der Hansestadt.

Kirchen gibt es natürliche viele, und so drängt sich einem berechtigterweise die Frage auf, warum gerade der Michel solch eine Popularität genießt. Es ist das Gesamtkonstrukt, das beeindruckt. Wer den Michel besucht, sollte Zeit mitbringen – Zeit, um erst einmal hinaufzusteigen. Insgesamt misst er stolze 132 Meter, der mit Kupferplatten verkleidete Turm, der majestätisch gen Hamburgs Himmel ragt. Auf immerhin 82 Metern Höhe kann man nach einer Aufzugfahrt den Blick über Alster, Hafen & Co. schweifen lassen. Höhenangstgeplagten dürfte so die Menge der ausgeschütteten Glückshormone reichen, um nicht in einen ohnmachtsähnlichen Zustand zu verfallen. Ich weiß, wovon ich spreche.

Wer anstatt über Höhe lieber über Größe staunt, ist ebenfalls am rechten Ort, denn die Turmuhr gilt mit ihren acht Metern Durchmesser als der Spitzenreiter unter ihren deutschen Kollegen. Als ob das nicht schon erstaunlich genug wäre, sorgt der Michel-Trompeter zweimal täglich für weitere Furore und posaunt seine Meisterwerke über die Elbmetropole hinaus.

Ein weiterer Ohrenschmaus wartet im Inneren. So gibt es im Kirchenschiff drei Orgeln, wovon die größte mit fünf Manualen (Tastaturen) imponiert. Bei der täglichen rund 20-minütigen Mittagsandacht kann man sich eine nette Sound-Kostprobe zu Gemüte führen.

Blick auf Hafen und Michel

Party auf der Reeperbahn

So, jetzt aber: Paaarty! Ich freute mich riesig auf die Reeperbahn (15), ein Stück Hamburg mit viel Herzblut und Historie. Letztere begann übrigens gegen Ende des 17. Jahrhunderts. Damals, noch vor den Toren Hamburgs, ließen sich arme und kranke Leute, genauso aber zahlreiche Künstler nieder, die innerhalb der Stadtmauern nicht erwünscht waren. Im Vorort Hamburger Berg, dem heutigen St. Pauli, lebten die Menschen in spartanischen Unterkünften. Ende des 19. Jahrhundert wurden feste Bauten errichtet und es zogen Varieté, Zirkus, Theater und Trinkhallen ein.

Den Namen verdankt die Reeperbahn den Reepschlägern. Jene Handwerker und Seiler benötigten eine lange, gerade Straße, um ihre Schiffstaue, die Reepen, zu fertigen. Man kann es nicht passender zusammenfassen: Erst die Arbeit, dann das Vergnügen. Und Letzteres war an diesem Tag bereits in vollem Gange. Junggesellenabschiede, Mädels- und Männergruppen, Prostituierte, Schaulustige – und ich mittendrin.

Bunt und unterhaltsam ist es auf der Großen Freiheit in St. Pauli.

Die Große Freiheit auf der großen Freiheit

Als Erstes lief ich zu der Straße, deren Namen meiner Lebensphilosophie gleichkommt: Große Freiheit (16). Bekannt wurde diese berühmt-berüchtigte Seitenstraße der Reeperbahn vor allem durch zahlreiche Stripclubs. Noch vor einigen Jahren kamen Besucher nicht nur in den Genuss sich entblößender zumeist weiblicher Tänzer, sondern auch von Shows mit Geschlechtsakt auf der Bühne. Inzwischen sind die meisten dieser einschlägigen Clubs geschlossen, trotzdem ist der Spaßfaktor auf der Großen Freiheit nicht geschrumpft.

Für die Krönung meiner Kieztour ging ich auf die andere Straßenseite und überquerte den Hans-Albers-Platz. Nach dem ich mich durch all die Partygänger und Alkoholkonsumfreudigen geschlängelt hatte, kam ich an meinem finalen Ziel an: der Rutsche.

Kaum hatte ich einen Fuß in die Spaßkneipe auf St. Pauli gesetzt, erlag ich dem Partyfieber. Ausgestattet mit einer Mischung aus süßem Weißwein und Sprite tanzte ich zu Deutschlands Schlagerstar-Elite. Die Stimmung war grandios. Der HSV hatte heute 1:1 gespielt, zahlreiche Fans feierten das (gute oder schlechte?) Ergebnis und stimmten lauthals mit ein, als die Hymne aus den Lautsprechern tönte: *„Hamburg, meine Perle, du wunderschöne Stadt. Du bist mein Zuhaus, du bist mein Leben, du bist die Stadt, auf die ich kann."* Natürlich stellte auch ich mein nicht vorhandenes Gesangstalent unter Beweis. Stimmgewaltig grölte ich den Refrain mit, immer in der Hoffnung, Hamburg würde mir verzeihen, dass ich keinen einzigen Ton traf. Denn getroffen hat die Hansestadt immerhin mich: mitten ins Herz.

Mein Fazit

Hamburg ist meine Perle, meine Lieblingsstadt in Deutschland. Gut, über das Wetter, vor allem im Winter, wollen wir mal nicht sprechen, ansonsten vergöttere ich die Hansestadt. Der Hafen, das maritime Flair, traumhafte Bauwerke und Shoppingpflaster zwischen Elbe und Alster, und natürlich das unvergleichliche Nachtleben auf St. Pauli faszinieren mich stets aufs Neue.

Meine Bewertung:

Sightseeing:

Verkehrsmittel:

Essen & Trinken:

Shopping:

Links zu Hamburg

Europa-Passage: http://www.europa-passage.de/

Hamburger Rathaus: http://www.hamburg.de/rathaus/

Große Bleichen: http://www.hamburg.de/grosse-bleichen/

Neuer Wall: http://www.hamburg.de/neuer-wall/

HVV: http://www.hvv.de/fahrkarten/

Museumshafen Övelgönne: http://www.museumshafen-oevelgoenne.de/

HafenCity Hamburg: http://www.hafencity.com/

Internationales Maritime Museum Hamburg: http://www.internationales-maritimes-museum.de/

Miniatur Wunderland Hamburg: http://www.miniatur-wunderland.de/

Hamburg Dungeon: http://www.the-dungeons.de/hamburg/de/index.htm

Deichstraße: http://www.hamburg.de/deichstrasse/

Verein „Rettet die Deichstrasse" e.V.: http://www.deichstrassehamburg.de/

Gänsemarkt: http://www.hamburg.de/gaensemarkt/

Planten un Blomen – Hamburgs City-Park für alle: http://plantenunblomen.hamburg.de/

St. Michaelis-Kirche: http://www.st-michaelis.de/

Reeperbahn: http://www.hamburg.de/reeperbahn/

Die Rutsche – Die Spaß-Kneipe auf St. Pauli: http://www.dierutsche.de/

1 Tag in Münster

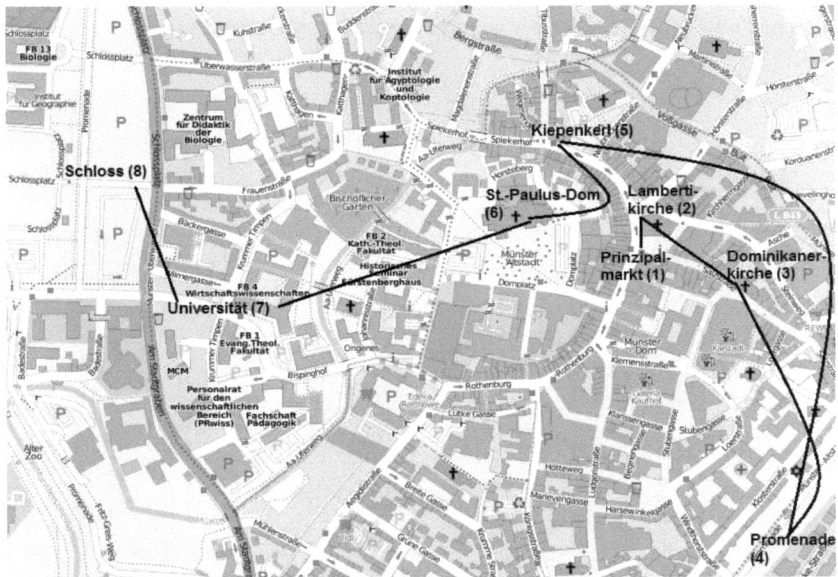

Route Münster. Quelle: OpenStreetMap und Mitwirkende, CC BY-SA

Zu allererst Richtung Altstadt

Nee, also bitte. Es war kurz nach neun Uhr, als ich am Hauptbahnhof in Münster aus dem Zug kletterte, und noch halb dunkel. Gewundert hat mich das allerdings nicht, denn es regnete in Strömen. Trotzig ließ ich meinen Schirm in der Tasche, als ich gen Altstadt aufbrach. Ich war schließlich nicht aus Zucker, und ca. zehn Klamottenschichten hatte ich ebenfalls an. Bis die Nässe durchkäme, wäre ich mit meinem Tagesprogramm wohl eh am Ende. Zur Not gäbe es ja einige Geschäfte, in denen ich mich neu einkleiden oder zumindest trocknen könnte – so dachte ich.

Regenbilder in der Altstadt

Ich schob also das Regenproblem beiseite, die gute Laune durfte sich frei entfalten und das tat sie tatsächlich auch. Bereits nach den ersten paar Schritten durch die Altstadt ahnte ich, dass mir Münster gefallen würde. Darüber hinaus liebe ich die Morgenstimmung in einer Innenstadt. Wenn mehr Lieferwägen als Menschen in der Fußgängerzone sind, Obst- und Gemüsehändler ihr Ware sortieren und jeder zweite der wenigen Passanten einen Coffee to go in der Hand hält.

Frühmorgens in der Altstadt

Mit dem Prinzipalmarkt (1) und der St. Lambertikirche (2) entdeckte ich dann schnell meine ersten Fotomotive. Knipsen und gleichzeitig den Knirps halten gestaltete sich als echte Herausforderung – ohne Schirm war es dann doch zu feucht. Von 20 Bildern sind gerade mal zwei passabel, auf den restlichen ziert ein dicker Fleck das Foto– den Regentropfen sei Dank. Nö, ich motzte gar nicht, vielmehr musste ich grinsen. Ich merkte nämlich, dass ich von den (wenigen) Leuten seltsam angestarrt wurde. Verständlich – während der Großteil ins Büro hetzte, stand ich beim größten Sauwetter früh um neun in der City und fotografierte. Ich hätte mir dennoch gerne auf die Stirn geschrieben: „Ja, ich habe noch alle Tassen im Schrank".

Brunnen Lamberti – auch im Regen schön

Das Gute-Laune-Fahrrad vor der Dominikanerkirche

Ganz bewusst wählte ich meine nächste Station. Es war die Dominikanerkirche (3), die früher mal Teil eines Klosters war. Nett anzuschauen, genauso wie der Platz davor mit seinen bunten Figuren ist er ein echter Hingucker. Und ich entdeckte ein echtes Gute-Laune-Fahrrad. Sattel und Gepäckträgerdecke im Fliegenpilz-Look – welchen Zweck die Decke haben sollte, weiß ich nicht. Das war doch mal eine coole Idee. Überhaupt standen an allen Ecken und Enden Fahrräder. Richtig viele Fahrräder. Die Münsteraner schienen ein recht bewegungsfreudiges und/oder umweltbewusstes Völkchen zu sein, sogar bei diesem Wetter. Entschuldigung, das war jetzt wirklich mein letzter Kommentar in puncto Regen.

Ein echter Hingucker – die Dominikanerkirche

Gute-Laune-Fahrrad

Männerbekanntschaften in Münster

Ich ging weiter, kam aber bloß ein winziges Stück voran, denn ich machte unerwartet männliche Bekanntschaft. Mit dem Traumprinz? Haha, natürlich nicht. Jetzt würde mich meine Mama sicher gleich rügen: Ich solle nicht immer so zynisch sein, wenn es um Männer geht. Mit meinen Äußerungen würde ich den gewünschten Mann gleich wieder beim Universum abbestellen. Ob ich allerdings überhaupt je richtig geordert habe, bezweifle ich eh.

Der Zeitungsmann

Für den Moment war ich jedenfalls dem Zeitungsmann über den Weg gelaufen. Ich betone, ich ihm. Er konnte sich nicht von der Stelle bewegen. Der Gute stand in Form einer Statue mitten auf der Straße, bekleidet mit verschiedenen Zeitungsartikeln. Eine Weile stierte ich noch auf den charmanten Gesellen, bevor ich wieder weiter spazierte.

Der Zeitungsmann

Mein Ziel hieß nun Schloss (4). Ich habe ein Faible für prunkvolle Königshäuser – typisch Frau eben. Selbst ohne den (Traum-)Prinzen kommt dort stets ein wenig Romantik auf. Unweit des Zeitungsherren machten mich allerdings die Promenaden (5) neugierig. Dieser von Bäumen gesäumte Weg sah nämlich nicht bloß einladend aus, sondern besaß zudem ein eigenes Schild. „Promenade", stand schwarz auf weiß geschrieben. Ich erweiterte meinen Münsterschen Kenntnisstand gerne und so erfuhr ich, dass die Promenaden eine Art Ring um die Altstadt bilden. Einen Ring, der als Fahrradweg dient und somit gerne als Fahrradautobahn bezeichnet wird.

Der Kiepenkerl

Langsam zeichneten sich dunkle Ränder auf meiner Hose ab und zwar genau an der Stelle, an der die Jacke endete. Das dürfte so eine handbreit über dem Knie gewesen sein. Wasser fließt ja bekanntlich nach unten und ähnlich wie in einer Regenrinne sammelte sich das feuchte Etwas am Bund meines schwarzen Parkas. Och nö... Obwohl, somit hatte ich wenigstens die Rechtfertigung für einen fetten Caffè Latte samt Päuschen im kuschelig warmen Starbucksstübchen. Ob es am Kaffee lag oder am großen „Martina" auf meinem Becher, mein Heißgetränk schmeckte vorzüglich, und ich trank es in großen, schnellen Zügen. Dass ich mir meine Zunge verbrannt hatte und nun den ganzen Tag dieses pelzige Gefühl ertragen musste, blendete ich bestmöglich aus.

Gestärkt und halbwegs getrocknet stapfe ich weiter. Eher zufällig kam ich an einem niedlichen Platz vorbei und traf dort auf einen weiteren Kerl. Es war der Kiepenkerl (6), wie mir Google verriet. Kiepe ist eine Art Rückengestell, das die Handelsmänner in früheren Zeiten schulterten. Damit zogen sie umher und brachten Ware sowie den neusten Klatsch zu den Leuten nach Hause.

Meine nächste Männerbekanntschaft – der Kiepenkerl

Verzückt und wohl gleichzeitig verblendet, schlug ich danach gleich mal die falsche Richtung ein. Das machte aber nichts, so stieß ich wenigstens auf ein neues Fundstück für meine Street Art Sammlung.

Ich liebe Street Art

Zurück zur Kultur

Viele Leckereien vor dem St- Paulus Dom

Ich war allerdings schnell wieder auf Kurs und landete planmäßig vor dem <u>St. Paulus-Dom</u> (7), einer grandiosen Kirche aus dem 13. Jahrhundert. Genauso toll fand ich, dass auf dem Domplatz ein Markt stattfand. Wie jeden Mittwoch- und Samstagvormittag lockten zig Stände mit Obst, Gemüse, Süß- und Backwaren und allerlei Leckereien. *„Du könntest dir ein bisschen Obst als Wegzehrung kaufen, sagte der Verstand. Du wolltest dir noch eine heiße Waffel gönnen, konterte die Wollust. ",* und setzte sich durch. Komisch, dass die Bösen meist viel mehr Durchsetzungsvermögen besitzen. Jetzt trommelte ich lieber all meine Sinne zusammen, um mich zu orientieren. Zum ersten Mal überhaupt war ich ohne Stadtplan unterwegs. Dank der guten Beschilderung in Münster hatte das, bis auf den kleinen Ausrutscher vorher, super geklappt. Jetzt allerdings wusste ich nicht, in welche Richtung ich meinen Marsch fortsetzen sollte.

Wirklich grandios – der St.-Paulus-Dom

Auf dem Weg zum Schloss

Ich bewunderte noch kurz das historische Rathaus am Prinzipalmarkt, dann
hielt ich einen Monolog mit dem Busfahrplan. Ich hätte mich bequem zum
Schloss karren lassen können. „Darf ich Ihnen helfen?" Ich muss ziemlich
doof geschaut haben, denn augenblicklich fügte meine Gesprächspartnerin an,
dass sie von der Stadt Münster sei. Das ist ja ein netter Service. „Ich möchte
zum Schloss", erklärte ich enthusiastisch, und erkundigte mich, ob es weit zum
Laufen sei. Meine Hoffnung auf ein vehementes NEIN war im Nu zerstört. Die
hilfsbereite Dame vermittelte mir schon die Koordinaten für den maximal 15-
minütigen Fußmarsch. Wäre ich in Italien, hätte ausnahmslos jeder die Mög-
lichkeit der Fortbewegung per Pedes ausgeschlossen. Alle Ziele über 100 Meter Entfernung werden dort ausschließlich motorisiert zurückgelegt. Da ich
allerdings weder in Rom, Mailand noch Neapel war, meisterte ich die Strecke
zu Fuß – und in bloß elf Minuten.

Auch bei Regen schön – das historische Rathaus in Münster

Das Schloss – Träumen inklusive

Über eine Stunde konnte ich glatt meinen Schirm in der Jackentasche lassen, jetzt brauchte ich ihn wieder – und zwar dringend. Und das leider pünktlich zu meinem persönlichen Tageshighlight. Erst einmal inspizierte ich Teile der Universität (9). Von außen, wohlgemerkt. Sie zählt zu den größten in Deutschland, ist allerdings keine Campus-Uni, sondern die Gebäude sind im Stadtgebiet verteilt. Trotzdem studieren einige in direkter Nachbarschaft zum Schloss – dort ist auch der Sitz der Hochschulleitung und -verwaltung. Hätte ich hier studiert, wäre ich vielleicht etwas regelmäßiger im Hörsaal erschienen – ein wirklich nettes Plätzchen. Was mich heute allerdings mehr bewegte, war die Frage, ob ich eine Prinzessin sein wollte. Nicht, dass irgendein akuter Anlass eine Antwort erfordert hätte. Aber welche Frau träumt nicht ab und an vom Leben im Palast, schicken Kleidern, die sie nur einmal tragen muss, und einem ganzen Stab an Bediensteten?

Spätestens als sich jedoch das Wort Hofprotokoll in meine Träume schlich, kehrte ich sofort ins Hier und Jetzt zurück. Nach einem solch strengen Reglement zu leben, wäre mein Albtraum. Dann verzichtete ich lieber auf die anderen Annehmlichkeiten und zog meine H&M-Teile etwas häufiger als ein Mal an.

Ich konzentrierte mich wieder auf das Schloss, genoss das Flair und die Ruhe. Wohl zum ersten Mal in meinem Leben stand ich völlig alleine vor einem Schloss. Aber wer verließ bei diesem Sauwetter schon freiwillig das Haus? Langsam tickte auch meine Uhr, in gut zwei Stunden ging mein Zug und ich hatte noch zwei wichtige To Dos zu erledigen: Shoppen und Essen. Daher sagte ich dem Schloss Lebwohl, kündigte einen erneuten Besuch bei Sonnenschein an und klopfte mir auf die durchnässte Schulter. Trotz Regen war mein Münster-Besuch nicht ins Wasser gefallen, Ha!

Das Schloss in Münster. Ist nicht jede Frau ein bisschen Prinzessin?

Mein Fazit

Münster hat eine gewisse Gemütlichkeit. Im Gegensatz zu den großen Metropolen geht es in der Stadt an der Aa etwas ruhiger zu. Verschlafen ist die Universitätsstadt aber ganz bestimmt nicht. Dafür gibt es viel zu viel zu gucken, eine niedliche Altstadt, nette Cafés und sogar shoppen lässt es sich ganz gut.

Meine Bewertung:

Sightseeing:

Verkehrsmittel:

Essen & Trinken:

Shopping:

Links zu Münster

Prinzipalmarkt: http://www.muenster.de/stadt/panorama/pan/prinz.htm

St. Lambertikirche: http://www.st-lamberti.de/

Promenaden: http://www.muenster.de/stadt/umwelt/promenade.html

St. Paulus-Dom: http://www.paulusdom.de/

Historisches Rathaus:
http://www.muenster.de/stadt/tourismus/altstadt_rathaus.html

Westfälische Wilhelms-Universität Münster: http://www.uni-muenster.de/de/

Schloss Münster: http://www.muensterland-tourismus.de/12309/schloss-muenster

1 Tag in Köln

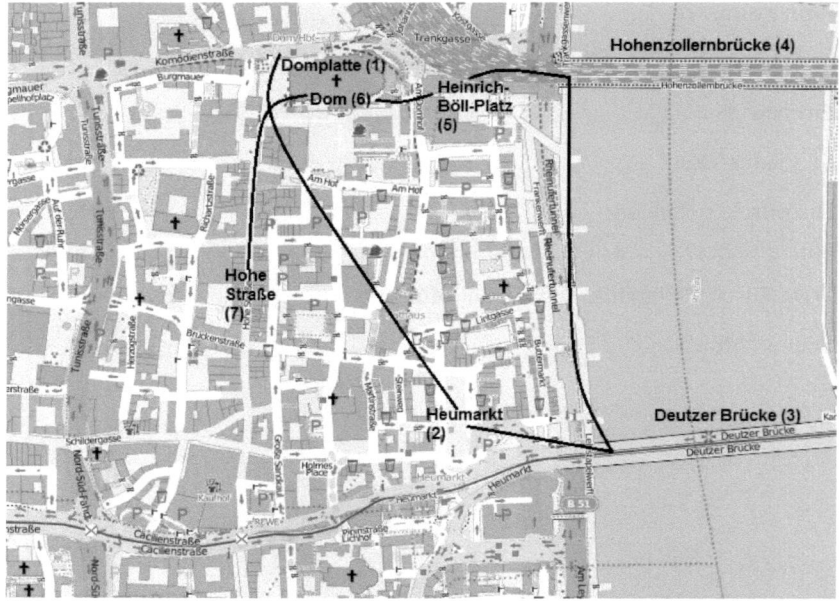

Köln-Route Teil 1. Quelle: OpenStreetMap und Mitwirkende, CC BY-SA

Köln is en Jeföhl

Bahnhöfe sind ja so gar nicht mein Ding. Während ich an (fast) jedem Flughafen in sofortiges Schwelgen verfalle, lösen Gleise einen Fluchtreflex bei mir
aus. So auch in Köln. Zwar wollte ich die unheiligen Hallen schnellstmöglich
verlassen, stoppte aber noch schnell bei meinem Lieblingsbäcker und rüstete
mich mit einem 1.000 Kalorien-Streuseltaler für mein vollgepacktes Tagesprogramm. Ja, ja, ich hätte mich vielleicht mit einem halven Hahn (halbes Roggenbrötchen, Gouda und Zwiebelringe) oder Himmel un Ääd (Kartoffelpüree,
Blutwurst und gebratene Zwiebelringe) auf das Kölsche Lebensgefühl einstimmen sollen. Jenes drang mir aber auch ohne Gaumenfreuden in jede einzelne Pore.

Köln is en Jeföhl, sagt man, und ich kann das nur bestätigen. Da die Götter vor
das Vergnügen allerdings den Schweiß gesetzt haben, musste ich erst einmal

malochen. Sprich, ich hievte meinen Koffer die gefühlt 100 Stufen zur Domplatte (1) empor und zog den Reise-Klotz durch die Altstadt. Heilfroh checkte
ich schließlich am Heumarkt (2) in meinem Hotel ein. Danach machte ich
mich mit Frau Kolumna auf die Socken. (Anmerkung: Frau Kolumna ist meine
Spiegelreflexkamera.)

Die Deutzer Brücke und die kleinen Unterschiede zwischen links- und rechtsrheinisch

Mit meiner Kamera stand ich schließlich auf der Deutzer Brücke (3). Der Blick
auf Vater Rhein, der im schweizerischen Graubünden entspringt, entschädigte
mich für meine Anstrengungen. Mit seinen 1.233 Kilometern fließt er übrigens
durch halb Europa und mündet in die Nordsee. In Köln sorgt er für ein gespal-
tenes Verhältnis. So teilt er die Domstadt in das linksrheinische, das „richtige"
Köln, und die schäl Sick, also die falsche Seite. Warum rechtsrheinisch ver-
pönt war, hat wohl mit dem frühen Mittelalter zu tun. Entsprechend der religi-
ösen Trennung wohnten damals die Christen auf der linken, die Heiden auf der
rechten Seite des Rheins.

Blick von der Deutzer Brücke auf die Hohenzollernbrücke, den Rhein und den Dom

Ich beschloss, mich ausschließlich in den linken Gefilden zu bewegen. Was
allerdings nicht an etwaigen Vorurteilen lag, sondern an den Kreuzchen mei-

nes Hoteliers. Auf meinem Stadtplan hatte er nämlich alle sehenswerten Flecken markiert und selbige waren bis auf den Rheinpark links. Das größte X malte er dabei auf den Dom. Ich kannte die berühmte Kirche zwar schon, dennoch wollte ich artig dem Rat des freundlichen Mannes folgen.

Liebe auf der Hohenzollernbrücke

Ich konnte mich noch nicht vom Rhein trennen. Somit flanierte ich eine Weile am Ufer entlang, bis ich schließlich vor der Hohenzollernbrücke stand (4). Vor allem die vielen Liebesschlösser auf der Eisenbahnbrücke sind über die Grenzen Kölns hinaus bekannt.

Die Trennung vom Rhein fiel mir schwer – die Hohenzollernbrücke

Offensichtlich kann Liebe auch aus Metall sein.

Das Wahrzeichen Kölns: der Dom

Drehung um 180 Grad, <u>Dom</u>, ich komme. Ich schlenderte über den Heinrich-Böll-Platz (5) und hatte mal wieder das Vergnügen unzähliger Stufen. Also nicht, dass hier ein falscher Eindruck entsteht. Ich bin sportlich und zwar so richtig. Nahezu jeden Tag schnüre ich meine Laufschuhe und trabe durch die Gegend. Egal ob in Hamburg, Barcelona oder im Allgäu. Na gut, zugegeben, in Kölle hatte ich sie nicht dabei. In jedem Fall würde ich mir eine ganz passable Kondition bestätigen. Treppensteigen ist für mich allerdings Hochleistungssport, Schnappatmung inklusive. Ich keuchte und musste mich zusammenreißen, dass meine Hände nicht allzu sehr zitterten. Schließlich wollte ich ein paar passable Fotos schießen.

Der Heinrich-Böll-Platz

Künstlerisch gilt der Heinrich-Böll-Platz als der bedeutendste von ganz Köln. Unter anderem begeistert die Skulptur Ma'alot, die die Handschrift des israelischen Künstlers Dani Karavan trägt. Ma'alot ist ein hebräischer Begriff, der für „Aufsteigen", „Stufen", „Treppen" und „oben sein" steht. Genauso aber für die positiven Eigenschaften eines Menschen. Das begehbare Bauwerk aus

Granit und Eisen erinnerte mich durch seine Bauweise an anarchische Sonnen-heiligtümer.

Ma'alot auf dem Heinrich-Böll-Platz

Was man im Dom nicht tun sollte

Ein paar Meter weiter begann der Weihnachtsmarkt vor dem Dom (6). Doch gebrannte Mandeln und Feuerzangenbowle waren später an der Reihe. Ebenso verbot ich mir einen Brauhausbesuch im verlockenden Gaffel am Dom.

Gaffel am Dom

Jetzt hatte die imposante Kirche meine uneingeschränkte Aufmerksamkeit. Anstatt zu staunen musste ich aber schmunzeln. Ich erinnerte mich daran, wie ich einst wegen unzüchtigen Verhaltens aus dem Kölner Dom rausgeschmissen worden war. Um mich gleich wieder in Schutz zu nehmen: Ich selbst war nicht der Sündenbock. Ein befreundetes Pärchen hatte im Gotteshaus die frisch verliebte Zuneigung bekunden wollen. Da es sich dort offensichtlich um eine kussfreie Zone handelt, hatte uns ein Geistlicher vehement der Tür verwiesen. Weil ich Gott sei Dank kein lebenslanges Hausverbot erteilt bekommen hatte, durfte ich die außergewöhnliche Kirche auch dieses Mal von innen betrachten.

Der imposante Kölner Dom

Ein bisschen Domgeschichte

Die Kölner Christen suchten bereits im spätrömischen Zeitalter den Platz auf, an dem der Dom heute steht. Um 870 entstand dort der Alte Dom, ein karolingisches Bauwerk. Im Laufe der Zeit folgten immer größere Gotteshäuser. Ein bedeutender Meilenstein wurde 1164 gelegt, als die Reliquien der Heiligen Drei Könige Einzug hielten und sich der Dom zu einer der wichtigsten europäischen Wallfahrtskirchen entwickelte. Soweit so gut, die Optik passte mit der Zeit aber nicht mehr zu diesem Status. Somit musste eine neue Architektur her, weshalb der Alte Dom abgerissen wurde und der Bau des Neuen startete. Ein Ewigkeitsunterfangen, das zumindest bis 1530 im Gange war. Ab dann fehlten Geld und Interesse – die Arbeiten ruhten. Einige Jahre fungierte das imposante Gebäude sogar als Lagerhalle und Pferdestall.

Glücklicherweise kehrte mit der Zeit die Dom-Leidenschaft bei den Kölnern zurück, und der Aufbau wurde im Jahre 1842 fortgesetzt. Von da an gab es kein Zurück mehr. Selbst die Zerstörungen im Zweiten Weltkrieg konnten die gotische Kathedrale nicht auslöschen. So zählt das Kölner Wahrzeichen heute zum UNESCO Weltkulturerbe und zieht jährlich an die sechs Millionen Besucher in seinen Bann. Zur heiligen Messe, zum Sightseeing – oder zur gemeinsamen Visite mit „Hätz un Jeföhl".

Buntes Treiben vor dem Dom

Gigantisch – der Dom von unten

Spaß- und Relaxprogramm

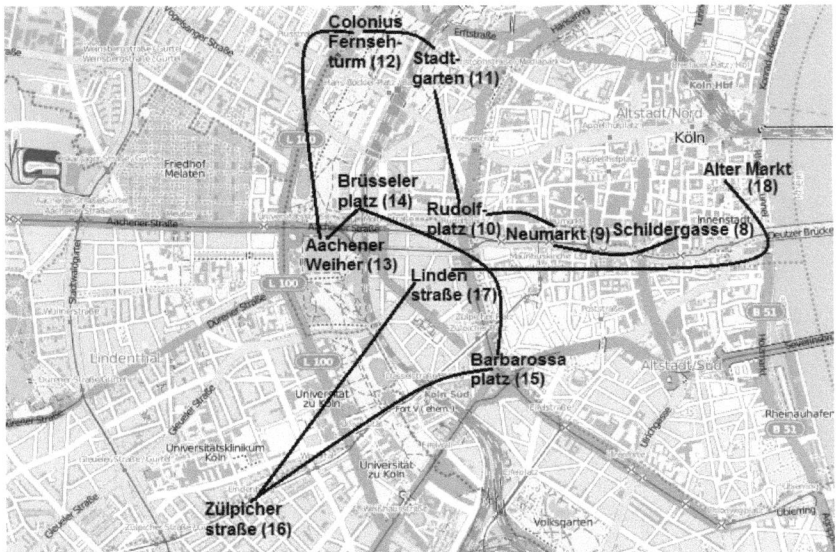

Köln-Route Teil 2. Quelle: OpenStreetMap und Mitwirkende, CC BY-SA

Shopping und närrische Vorfreude in Köln: Hohe Straße, Schildergasse, Neumarkt

Bevor ich weiterzog, genoss ich das Treiben auf der Domplatte: Pantomimen, Promoter, Menschen en masse. Ich schätze, mindestens 80 Prozent davon waren Touristen. Würde mich ja tierisch interessieren, wie viele Bilder hier pro Minute geschossen werden.

Noch mehr interessierte mich aber jetzt die Hohe Straße (7). Zusammen mit der Schildergasse (8) bildet sie die Haupt-Shoppingmeile von Köln. Und ganz ehrlich: Ich finde, dass Köln die beste Fußgängerzone in ganz Deutschland hat. Sowohl in puncto Shopping, als auch in puncto Flair. Somit kostete ich meinen 30-minütigen Bummel voll aus. Dass ich mir hier nur eine halbe Stunde gönnte, lag ausschließlich an meiner straffen Agenda. In meinem Stadtplan waren nämlich noch so einige Markierungen, die abgearbeitet werden wollten.

Getümmel in der Fußgängerzone

Als ich die Schildergasse verließ, stand ich auf dem Neumarkt (9). Ich spürte, wie sich mein Puls der 200 näherte. Der Grund für meine Tachykardie war meine Erinnerung: Im Februar dieses Jahres hatte ich hier gestanden – mit Strohhut, Hawaiikette und lila Leggings samt Netzstrumpfhose. Ich hatte mit der Meute lauthals „Kölle Alaaaaaf" um die Wette gebrüllt. Schon jetzt freute ich mich wieder unglaublich auf den nächsten Karneval! Da meine Kostüm-wahl noch nicht genau feststand, wollte ich später noch in einem Karnevalsge-schäft vorbeischauen. Unzählige Weihnachtsmärkte lenkten mich fürs Erste aber ganz gut von meiner närrischen Vorfreude ab.

Weiße Schokobananen auf dem Weihnachtsmarkt am Rudolfplatz

Bloß ein Katzensprung vom Neumarkt entfernt, befindet sich der Rudolfplatz (10). Ich wollte mir nun endlich eine süße Leckerei gönnen und entschied mich für eine weiße Schokobanane. Obwohl mir danach beinahe übel war, fühlte ich mich gestärkt. Ich beschloss, mein Weihnachtsmarkt-Hopping um eine weitere Station zu ergänzen und besuchte den Stadtgarten (11). Leider öffneten dort die Buden erst am späten Nachmittag, sodass ich meine Route in Richtung Aachener Weiher fortsetzte. Die Marschroute führte dabei durch den Inneren Grüngürtel und am Fernmeldeturm Colonius (12) vorbei.

80

Mit extremem Hohlkreuz – ich wundere mich manchmal selbst über meine Biegsamkeit – fotografierte ich das 266 Meter hohe Bauwerk. Ich genoss dieses Stück Natur inmitten der Domstadt und zudem ein paar knackige Jogger, die mich im Minutentakt überholten.

Der Fernmeldeturm Colonius

Grillen, Baden, Chillen – Der Aachener Weiher

Jogger traf ich auch an meinem Etappenziel, dem Aachener Weiher (13). Eigentlich ist er ja nur ein kleiner Teich im Herzen Kölns. Eigentlich. Denn dieser Ort ist Kult, insbesondere in den Sommermonaten. Hier trifft sich Köln: zum Grillen, Baden, Chillen – egal ob Student, Unternehmer oder Yuppie. Der Aachener Weiher ist einfach Kult. Ich spazierte bei fünf Grad Celsius ein Stück am Ufer entlang und beschloss, dass ich spätestens im Mai wieder hier sitzen würde. Hach!

Bei fünf Grad Celsius am Aachener Weiher

Kult: Das Belgische Viertel

Auch das Belgische Viertel genießt Kultstatus und ist selbst bei winterlichen Temperaturen sehenswert. *„Es ist ein Muss"*, hatte mir meine liebe Freundin aus Köln nahegelegt und folgsam wie ich bin, stand ich schließlich am Brüsseler Platz (14*). „Im Sommer ist hier rund um die Uhr was los. Jeden Tag, wie in südländischen Gefilden."*, sagte meine Freundin.

Bis spät in die Nacht stehen und sitzen die Menschen auf der Straße oder vor den unzähligen Kneipen und Cafés. Wer hier wohnt, braucht gute Nerven, eine schallisolierte Wohnung, oder macht am besten einfach mit. Mit Bedacht bestaunte ich sämtliche Lokalitäten und Häuser und erweiterte meinen Mai-Plan um einen weiteren Punkt. Für heute ließ ich das Szeneviertel hinter mir und machte mich auf die Socken Richtung Barbarossaplatz (15).

Das Belgische Viertel wirkt im Winter etwas trist, aber
im Sommer tobt hier das (Party-)Leben.

Von Heinzelmännchen und dem 1. FC Köln

Barbarossaplatz und Top-Karnevalskneipen in der Zülpicher Straße

Der Barbarossaplatz selbst ist kein großes Highlight. Ich kenne ihn vor allem
als Umsteigeplatz von einer Straßenbahn in die nächste. Aber unweit des Bar-
barossaplatzes beginnt die Zülpicher Straße (16). Und tataaa, da war sie wieder, meine unbändige Vorfreude auf Karneval. Denn hier ist eine der Hoch-
burgen in der Hochburg. Auf der Zülpicher Straße befinden sich „die Top-
Karnevalskneipen", wie mir ein Bekannter verriet. Etwa Oma Kleinmann, wo
man nicht bloß sensationelle Schnitzel, sondern zudem grandiose Stimmung
serviert bekommt. Aber auch bei anderen Großereignissen ist die Zülpicher
Straße DER Feiertreffpunkt, etwa während Fußball-Welt- oder Europameister-
schaften.

Zülpicher Straße: ein Karneval-Muss

Zufallsbekanntschaft mit der Kultbrauerei Päffgen – sie lag auf meinem Weg

Ausklang mit dem 1. FC Köln

Wo wir gerade beim Thema sind: Den krönenden Tagesabschluss bildete nämlich ein Fußballspiel des 1. FC Köln, das ich in einer Kneipe auf der Lindenstraße (17) miterlebte. Da ich mich mit dem vorhin erwähnten Bekannten traf, der für seinen Verein hauen, stechen und morden würde, musste ich da wohl durch. Ich musste mich fast hineinpressen, als ich die Lokalität 30 Minuten vor Spielbeginn betrat. Köln schien seinem Zweitligisten uneingeschränkt treu zu sein. Ich bestellte mein Lieblingsgetränk und spürte die angewiderten Blicke – süße Weißweinschorle mit Sprite. In Köln trinkt man Kölsch, nichts anderes. Ich war eben doch anders.

Während der nächsten 90 Minuten beschäftigte ich mich überwiegend mit meinem „Gesöff", denn mein Bekannter und seine Gefolgschaft waren alle mit Gucken, Ausrasten, allerdings nicht mit Jubeln beschäftigt, denn Köln verlor. Da es ein Achtelfinale war, war Schluss – mit meinem Abend ebenfalls. Denn mein Bekannter wollte mit sich und seinem Weltschmerz allein sein und diesen in den heimischen vier Wänden auskurieren. Gut, dann nahm ich eben noch einen Absacker und anschließend die Straßenbahn in Richtung Heumarkt. Mein Hotelbett rief.

Heinzelmännchen am Alten Markt

Bevor ich mich in mein 80-Zentimeter-Bett legte, bummelte ich über den leeren Weihnachtsmarkt am Alten Markt (18). Der Alte Markt ist auch außerhalb der Weihnachtszeit ein wichtiger Treffpunkt. Dort findet zum Beispiel der Auftakt zum Karneval am 11.11. sowie zum Straßenkarneval an Weiberfastnacht statt – mit dem Traditionsspiel Jan und Griet, einer Liebesgeschichte zwischen dem armen Knecht Jan und der Magd Griet.

Besonders süß fand ich die Heinzelmännchen, die auf den meisten Buden saßen. Ich liebe ja diese winzig-witzigen Gesellen. Bereits als Kind hatte ich wegen ihnen gerne Werbung geschaut. Könnt ihr euch noch erinnern? Der Alte Markt beziehungsweise die Kölner Altstadt sind ebenso außerhalb der Weihnachtszeit die Heimat der Heinzel. So sind sie in Köln eine feste Institution und erinnern an die fleißigen Helferlein, die durch ihr Engagement den Kölnern im 18. Jahrhundert ein besseres Leben ermöglichten.

Seit 1899 ziert der Heinzelmännchenbrunnen die Kölner Altstadt. Er steht fast vor dem legendären Brauhaus Früh. Errichtet wurde der Brunnen aber nicht bloß für optische Freuden. Vielmehr steckt eine Legende hinter dem Meisterwerk, die zu Teilen im Brunnen festgehalten ist. Vor vielen Jahren profitierten die Kölner nämlich exakt von dem, was ich mir stets wünsche: Heinzelmännchen, die über Nacht sämtliche Maloche verrichteten. Egal ob es sich dabei um Näh-, Back- oder Bauarbeiten handelte. Leider konnte damals die Frau des Schneiders ihre Neugierde nicht zügeln und wollte den Wichtelmännern auf die Schliche kommen. Zu diesem Zweck streute sie Erbsen, auf denen die Helferlein schließlich ausrutschten – und für immer die Flucht ergriffen. Seitdem müssen die Kölner wieder selbst ran, denn zurückgekehrt sind sie nie wieder. *„Liebe Heinzelmännchen, ich würde hoch und heilig versprechen, euch nicht bei eurer Arbeit zu stören."* Und vielmehr das tun, was ich an diesem Abend genoss: kaputt, aber glücklich ins Bett fallen.

Heinzelmännchenbrunnen

Mein Fazit

Köln ist tatsächlich en Jeföhl, und ich bin ein großer Fan der Domstadt. Nicht unbedingt wegen ihrer Schönheit, auch wenn es dort sehr hübsche Ecken gibt. Aber es ist vor allem der Menschenschlag und die Mentalität, die mich begeistern. Immer – aber vor allem zu Karneval.

Meine Bewertung:

Sightseeing:

Verkehrsmittel:

Essen & Trinken:

Shopping:

Links zu Köln

Heumarkt: http://www.cityinfo-koeln.de/php/heumarkt_koeln,2917,25235.html

Deutzer Brücke: http://www.stadt-koeln.de/4/bruecken/deutzer-bruecke/

Hohenzollernbrücke: http://www.stadt-koeln.de/4/bruecken/hohenzollernbruecke/

Kölner Dom: http://www.koelner-dom.de/

Gaffel am Dom: http://www.gaffelamdom.de/

Stadtgarten Köln: http://www.stadtgarten.de/

Aachener Weiher: http://www.koeln.de/koeln/freizeit/parks/aachener_weiher_607869.html

Fernmeldeturm Colonius: http://www.cityinfo-koeln.de/php/colonius,2914,715.html

Oma Kleinmann: https://www.beiomakleinmann.de/

Brauhaus Früh: http://www.frueh.de/

1 Tag in München

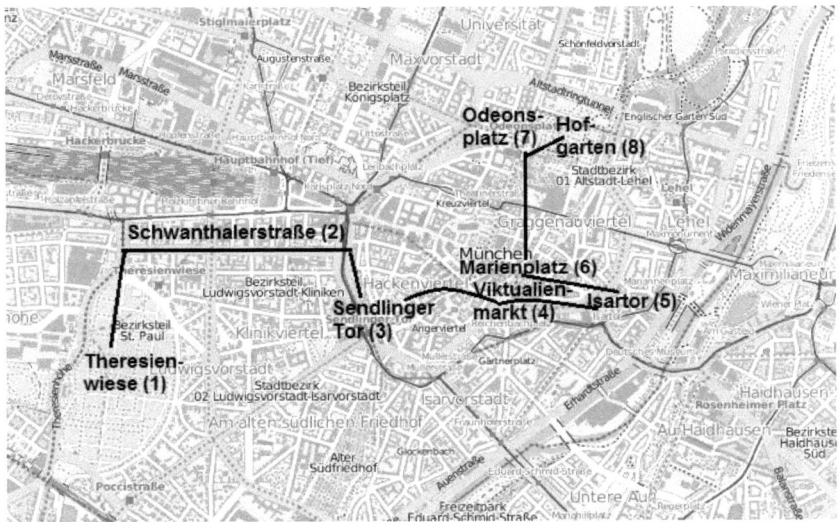

München-Route Teil 1. Quelle: OpenStreetMap und Mitwirkende, CC BY-SA

Von der Wiesn bis zum Isartor

Vorfreude auf der Theresienwiese

Es gibt Dinge, die gibt es eigentlich gar nicht: Ich schmachtete tatsächlich eine Ansammlung von Kränen und Containern an. Allerdings himmelte ich nicht irgendeine x-beliebige Baustelle an, sondern stand mit leuchtenden Augen vor der Theresienwiese (1). Dort würde in wenigen Tagen das Oktoberfest beginnen. Gedanklich schlüpfte ich schon in mein Dirndl und kletterte auf eine Bierbank, um lauthals „I wui wieda hoam" zu grölen. Kurz bevor ich tatsächlich meine Lippen öffnete, rief ich mich selbst zur Contenance.

Die Bavaria - inmitten der Oktoberfest-Baustelle

Ich bin zwar einer der größten Wiesn-Fans, will ich jetzt einfach mal behaupten, doch an diesem Tag stand noch mehr München auf meiner Agenda. Da der Himmel sich im passenden Weiß-Blau präsentierte, war mein Enthusiasmus entsprechend groß. Ich schlenderte die Schwanthalerstraße (2) entlang, bog an deren Ende rechts ab und stand kurze Zeit später am Sendlinger Tor (3).

Das Sendlinger Tor und das Glockenbachviertel

Das Tor in der historischen Altstadt gibt es offiziell seit 1319. Aller Wahrscheinlichkeit nach existiert es sogar weit länger. Als eines von drei erhaltenen Stadttoren Münchens trotzte es sogar der Zerstörungskraft des Zweiten Weltkriegs – die beiden anderen sind übrigens das Isartor und das Karlstor. Heute zählt es nicht bloß zu den Top-Sehenswürdigkeiten Münchens, sondern ist ebenfalls ein beliebter Treffpunkt zum Einkaufsbummel in der Fußgängerzone. Oder zur abendlichen Kneipentour im Glockenbachviertel, dem Viertel der Kreativen, Künstler, Yuppies, Szenegänger und Homosexuellen. Der Stadtteil zwischen Isartor und Sendlinger Tor ist nicht einfach nur Wohngebiet.

Hippe Bars, überteuerte Wohnungen, trendige Schuh- und Klamottenläden, Friseurläden au masse stehen auf dem Programm. Wer sich hier niederlässt, tut dies aus Überzeugung. Schon Freddie Mercury quartierte sich in den 80ern in der Hans-Sachs-Straße ein und wurde zum Stammkunden der Kneipe Pimpernel. Übrigens bin ich selbst ein Kind des Glockenbachviertels. Als meine Mama mit mir schwanger war, wohnte sie dort. Das wurde bislang noch in keinem Geschichtsbuch oder Reiseführer erwähnt. Wie gesagt, bislang.

Im zweiten Weltkrieg kaum beschädigt – das Sendlinger Tor

Ich kaufte mir am Sendlinger Tor noch ein Kilo Datteln am Obststand – in der Münchener Innenstadt gibt es selbige zuhauf – und „musste" diese natürlich auch gleich vertilgen. Sonst wäre meine ohnehin schon recht schwere, typische Frauenhandtasche noch gewichtiger geworden. Während ich dann über die Sendlinger Straße zu meinem nächsten Ziel wanderte, war ich über meinen gefüllten Magen ganz froh. Denn ich besuchte den Viktualienmarkt (4).

Schlemmen am Viktualienmarkt

Am Viktualienmarkt lassen sich nicht nur sauleckere Köstlichkeiten erstehen, sondern diese kosten auch ein Vermögen. Dennoch tingelte ich mit Stielaugen von Stand zu Stand und bewunderte exotische Früchte, heimischen Käse, Blumen, Fleisch und eine spektakuläre Auslage an Gewürzen.

Beim Saure-Gurken-Stand zückte ich dann doch mein Portemonnaie und gönnte mir eine Leckerei.

Auf optische Leckerbissen musste ich als Besucher ebenfalls nicht verzichten. Vor allem die sechs Brunnendenkmäler, etwa mit Karl Valentin oder Liesl Karlstadt, sind nett anzuschauen. Geöffnet hat der Viktualienmarkt, der 1807 als kleiner Bauern- und Kräutermarkt seine Karriere startete, übrigens fast täglich. Bis auf Sonn- und Feiertage kann man auf dem Gelände zwischen dem „Alten Peter" und der Heilig Geist Kirche seine Einkaufstaschen füllen. Jetzt aber genug, ich wollte dem Peter guten Tag sagen.

Rummel im Biergarten auf dem Viktualienmarkt

Alter Peter und Isartor

Nein, ich hatte (leider) noch keine Bekanntschaft mit einem feschen Bayern-Bub gemacht. Ich traf nur auf die Kirche „Sankt Peter". Sie gilt als die älteste

Pfarrkirche Münchens und wurde bereits im 12. Jahrhundert erwähnt. Zwar hätte ich die 306 Stufen zum Turm hinaufsteigen können, ich sparte meine Energien allerdings lieber und spazierte in Richtung Isartor (5). Selbiges ist die östliche Grenze der Münchener Altstadt.

Der Bau des Isartors wurde 1337 abgeschlossen. Ludwig IV. der Bayer hielt damals das Zepter in der Hand. Der Hauptturm des Isartors ist bis heute noch erhalten– anders als beim Sendlinger Tor und Karlstor. Neben dem Hauptturm beeindruckten mich genauso die Flankentürme sowie die dazwischenliegende Mauer mit ihren drei Torbögen. Wie an so vielen Bauwerken hinterließ der Zweite Weltkrieg auch am Isartor seine zerstörerischen Spuren. Eine umfassende Sanierung wurde Anfang der Siebziger Jahre notwendig. Heute begeistert das Stadttor nicht bloß mit seiner imposanten Optik, sondern lockt viele Besucher in das Karl-Valentin-Museum (Valentin Karlstadt Musäum) in den Flankentürmen.

Die berühmtesten Plätze in München

Alle schauen nach oben – am Marienplatz

Meine weitere Marschroute führte vom Isartor hin zum Marienplatz (6), ins Herz von München. Wer seinen Besuch hier um 11, 12 oder 17 Uhr plant, sollte es nicht eilig haben. Denn das immer gut besuchte Pflaster ist zu jenen Zeiten besonders beliebt. Da es bei meinem Besuch gerade fünf vor elf war, blieb ich wie meine Mitstreiter stehen, guckte hinauf zum Turm des Neuen Rathauses und zückte den Fotoapparat.

Hunderte Touristen betrachteten mit mir das Glockenspiel im Rathausturm

Seit 1908 erzählt hier das weltberühmte Glockenspiel die Geschichte der bayerischen Landeshauptstadt. Die 32 Figuren locken unter der Begleitung melodischer Klänge von 43 Glocken Touristen aus aller Welt. Übrigens befand ich mich gerade am Mittelpunkt der Stadt, beziehungsweise von ganz Bayern. Die Mariensäule mit der goldenen Maria obenauf gilt als topologischer Mittelpunkt des Bundeslandes. Am Sockel der Säule befinden sich vier Bronzeputten. Kurfürst Maximilian I. ließ im Jahre 1638 die elf Meter hohe Säule errichten, die als Namensgeber des Marienplatzes diente. Die Mariensäule schaffte sogar die Aufnahme in die Liste der Münchener Baudenkmäler. Anmutig verrenkte ich mir deshalb den Hals und schaute gefühlte fünf Minuten nach oben. Bewunderung musste schließlich sein.

Bewunderung verdienen auf dem rund 100 mal 50 Meter großen Platz noch weitere Sehenswürdigkeiten. Etwa das im neugotischen Stil erbaute Neue Rathaus. Ebenso der Fischbrunnen, der bereits seit dem Mittelalter existiert. Zerstört im Zweiten Weltkrieg, baute ihn Josef Henselmann 1954 wieder neu auf.

Der Brunnen mit seinem Nagelfluh-Becken und der Mittelsäule samt Bronze-Fisch an der Spitze beherbergt drei wasserschöpfende Metzgergesellen, die an den sogenannten Metzgersprung erinnern. Bis Beginn des Zweiten Weltkriegs wurden am Rosenmontag die Metzgerlehrlinge nach Ausbildungsabschluss in die Freiheit entlassen. Vor Freude hüpften sie dann übermütig ins Brunnenwasser. Noch heute lebt dieser Brauch regelmäßig wieder auf – sprich im Drei-Jahresrhythmus.

Zudem wurde vor einigen Jahrhunderten das Geldbeutelwaschen am Fischbrunnen eingeführt. Ein Brauch, der jedes Jahr am Aschermittwoch aufs Neue auflebt. Dabei wäscht der Münchener Oberbürgermeister im Fischbrunnen das Stadtsäckel, einen leeren Geldbeutel. Es heißt, er sorge somit für die Auffüllung im kommenden Jahr. Ich überlegte, ob ich nach den närrischen Tagen wiederkommen und mein Portemonnaie durchputzen lassen sollte. Eigentlich eine gute Gelegenheit, denn leer wäre es zu diesem Zeitpunkt ganz bestimmt.

Klassik und vieles mehr am Odeonsplatz

In unmittelbarer Nähe zum Marienplatz wartete bereits eine weitere Attraktion auf mich: der Odeonsplatz (7). Dessen Urheber ist Ludwig I., der seinen Hofarchitekten Leo von Klenze mit dem Bau des Platzes beauftragte. Dieser zählt zu Münchens bedeutendsten Architekten. Er verlieh bereits Bauwerken wie der Glypothek, der Residenz oder der Ruhmeshalle seine Handschrift.

Mich erinnerte der Odeonsplatz in erster Linie an Silvester vor fünf Jahren. Verzückt frönte ich dem Feuerwerk, bis ich einen Böller an der Kniescheibe hängen hatte. Zum Glück bin ich zäh und konnte den Jahreswechsel dennoch ausgiebig zelebrieren.

Über den Odeonsplatz gibt es allerdings weit mehr zu erzählen: Neben dem imposanten Flair locken die Feldherrenhalle samt ihren monumentalen Löwen, die Theatinerkirche, das Palais Leuchtenberg und die Residenz. Den Namen erhielt der Platz Anfang des 19. Jahrhunderts, als Ludwig I. den Bau eines Konzertsaals, des Odeons, anwies. Noch heute spielt die Musik auf dem Odeonsplatz eine große Rolle. Zumindest einmal jährlich bei „Klassik am Odeonsplatz".

Imposantes Flair am Odeonsplatz

Der Hofgarten – ein bisschen königliches Ambiente

So, schnell noch einen Coffee to go geschlürft und weiter ging's. In die direkte Nachbarschaft, in den Hofgarten (8). Hofgarten-Besuch klingt irgendwie vornehm und königlich. Als ich durch das grüne Areal im Herzen von München flanierte, fühlte ich mich sogar ein bisschen so. Wunderschöne Blumen- und Pflanzenvariationen bescherten mir einen regelrechten Augenschmaus. Nicht zu verachten sind auch die zahlreichen Bänke, die zum Verweilen einladen. Ach ja, ein kurzes Päuschen hatte ich mir verdient. Ich genoss den restlichen Kaffee und beobachtete einfach die Leute – wie ich das liebe!

Wortwörtlich im Mittelpunkt steht der zauberhafte Pavillon, der Dianatempel. Dieser darf im Gegensatz zu den Rasenflächen sogar betreten werden. Das machte ich auch, betrachtete die vier Muschelbrunnen und lauschte der klassischen Musik von Straßenmusikern im Hintergrund. Das mit dem königlich ist übrigens gar nicht so weit hergeholt. So ist der Hofgarten nach Anweisung eines Blaublütigen entstanden. Herzog Maximilian I. war es, der zu Beginn des 17. Jahrhunderts den Auftrag erteilte. Inspirieren ließ er sich dabei von den

Renaissancegärten in Italien. Mein Bella Italia hatte also die Finger im Spiel. Wunderte mich gar nicht.

Der Hofgarten ist übrigens der älteste Park der bayrischen Landeshauptstadt und auch die Umgebung ist ganz reizend. Denn an der nördlichen und westlichen Grenze flankieren die Arkadengänge mit ihren Wandmalereien den Hofgarten. Des Weiteren liegen im Osten die Bayerische Staatskanzlei mit dem Kriegerdenkmal sowie im Süden die Residenz. Wer einfach nur spielen will, findet im Hofgarten ebenfalls seine Erfüllung. Sobald die ersten Frühjahrs-Sonnenstrahlen vom Himmel blitzen, wird hier Boule und Pétanque gespielt. Somit lässt sich neben dem italienischen auch ein Hauch von französischem Flair zelebrieren. Ich blieb dennoch dem München-Gefühl treu und bog an der Nordostseite des Hofgartens in den Englischen Garten (9).

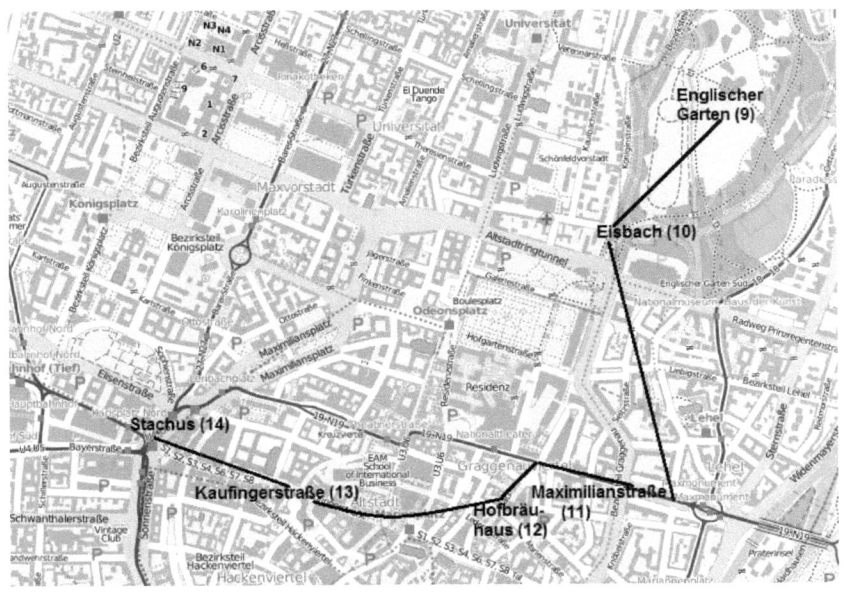

München-Route Teil 2. Quelle: OpenStreetMap und Mitwirkende, CC BY-SA

Natur in Hülle und Fülle – Der Englische Garten

Der Englische Garten ist so riesig, dass er in puncto Größe sogar den Hyde und Central Park in die Tasche steckt. Man könnte sich dort leicht verlaufen, deshalb ließ ich mich sicherheitshalber von meinem Smartphone zu meinem Ziel leiten. Das funktionierte bestens und wenig später stand ich vor dem Eisbach. Egal ob Winter oder Sommer, der Eisbach (10) ist Kult. Er ist eine Ableitung der Isar und Teil des Bachsystems des Englischen Gartens. Außerdem der Grund für manchen Surfer nach München zu kommen beziehungsweise zu ziehen. Die bis zu einem halben Meter hohe „stehende" Welle gilt als die meist gesurfte Welle der Welt. Ich würde mich niemals in die Fluten stürzen, hatte aber mindestens genauso viel Spaß beim Zuschauen. Sei es wegen der knackigen Jungs oder deren nicht immer so gelungenen Manöver. Viele hielten der zwölf Meter breiten Welle nur wenige Sekunden stand. Dann hieß es wieder Schlange stehen und erneut aufs Wasser gehen. Offiziell erlaubt ist das Surfen dort erst seit dem 18. Juni 2010. Man betone offiziell.

Mutige Jungs und Mädels am Eisbach

Prunk und Brauerei

Die Münchener Schickeria – auf der Maximiliansstraße

Seit ich denken kann, hat München mit einem Schickimicki-Image zu kämpfen. Auch wenn man diesen Stempel bestimmt nicht der ganzen Stadt (und den Menschen) aufdrücken sollte, gibt es ein paar Ecken, die privilegiert dafür sind. Einem dieser Hotspots näherte ich mich gerade: der Maximilianstraße (11). Mit ihr verbindet man Prunk, Luxus und einen großen Geldbeutel. Während Münchener davon oft eher genervt sind, steht die knapp 1,5 Kilometer lange Meile bei Touristen meist ganz oben auf dem Besichtigungsplan.

Angefangen hat alles im Jahre 1853, als der Architekt Georg Friedrich Christian Bürklein sich der heutigen Glamourstraße annahm. Er entwarf unter anderem den Münchener Hauptbahnhof. Unterstützung bekam er von Ingenieur Arnold von Zenetti sowie Hofgärtner Carl von Effner. Räumlich gesehen beginnt die Maximilianstraße an der Münchener Residenz und führt ohne Kurven in Richtung Isar. Schluss ist am Maximilianeum, dem Sitz des Bayerischen Landtages.

Ich spazierte über das Luxuspflaster und schaute verstohlen in all die noblen Designerstores. Mal abgesehen davon, dass ich mir kein 3.000-Euro-Kleid hätte leisten können, wäre mir ein solcher Batzen Geld für ein kleines Schwarzes schon aus Prinzip so was von zu teuer. Wohin man dafür reisen könnte!

Doch die Maximilianstraße ist mehr als Shopping. Wahrhaftig! Dank des Mix aus verschiedenen Stilepochen wie der Renaissance oder der Neugotik zählt sie zu den außergewöhnlichsten architektonischen Plätzen in der bayerischen Landeshauptstadt. Da ich mich hier sowieso keinem Kaufrausch hingeben konnte, verließ ich die edle Meile bald wieder. Praktisch, dass unweit mein nächster und vorletzter Programmpunkt wartete.

Prunk und Luxus auf der Maximilianstraße

Bierpalast – das Hofbräuhaus

„Oans, zwoa, g'suffa ...“ klang es schon von Weitem in meinen Ohren. Obwohl ich mir den Sound nur einbildete, stand ich nun tatsächlich vor dem Hofbräuhaus (12). *„In München steht ein Hofbräuhaus ...“* Die ganze Welt kennt das 1935 kreierte Stimmungslied. Ebenso kennt die ganze Welt den berühmten Münchener Bierpalast. Errichtet wurde er im Jahre 1589 aus ganz pragmatischen Gründen. Herzog Wilhelm V. aus Bayern ordnete den Bau des Hofbräuhauses an, um Kosten zu sparen. So wollte er die Bierproduktion für den Wittelbacher Hof selbst in die Hand nehmen und den Hefesaft nicht mehr für viel Geld aus Niedersachsen oder anderen Privatbrauereien beziehen.

„In München steht ein Hofbräuhaus ...“

Ich lugte hinein. Es war zwar erst später Nachmittag, die Stimmung erinnerte mich dennoch schon ein bisschen an das Oktoberfest. Zum zweiten Mal an diesem Tag verfiel ich ins Wiesn-Fieber und damit war ich offensichtlich nicht alleine. Bis zu 35.000 Besucher widmen sich hier täglich der Bayerischen Trink-, Ess- und Feierkultur. Ich verzichtete auf Mass und Hendl und schritt zum Finale – Bier und Fleisch sind eh nicht so mein Ding.

Shopping in München

Normale Preise in der Kaufingerstraße

Wie so oft, ließ ich meinen Städtetrip auf der Haupteinkaufsmeile ausklingen. In München sind das die Kaufingerstraße (13) und die Neuhauser Straße. Hier dauerte mein Aufenthalt ein bisschen länger als auf der Maximilianstraße, was in erster Linie an den verträglicheren Preisen lag. Da alles mal ein Ende hat, kam ich irgendwann am Stachus (14) an, dem Ende der Fußgängerzone. Ich blieb ein Weilchen am Brunnen stehen und grinste in mich hinein. Ich schwelgte in Erinnerungen.

Shopping auch für Normalos – die Kaufingerstraße

Erinnerungen am Stachus

In der neunten Klasse bei einem Schulausflug nach München hatte ich meinen ersten Verweis bekommen. Meinen ersten von insgesamt (nur) zwei wohlgemerkt. Der Grund: Ich hatte den vereinbarten Treffpunkt nicht gefunden, den Stachus. Gemeinsam mit einer Freundin war ich nach unserer „Zeit zur freien Verfügung" umhergeirrt und war komplett desorientiert gewesen. Wer mich besser kennt, wundert sich darüber jetzt nicht. Mein Orientierungssinn birgt noch jede Menge Potenzial.

Der damalige Lehrer hielt die Geschichte für absurd und bezichtigte uns der willentlichen Verspätung, denn den Stachus findet eigentlich jeder. Wer nicht, fragt sich durch. Und die Wahrscheinlichkeit, dass ihm niemand den Weg weisen kann, liegt so ziemlich genau bei Null. Falls das mein damaliger Lehrer jetzt lesen sollte: Wir haben ihn wirklich nicht gefunden.

Das Karlstor am Stachus – meine letzte Station

Der Stachus, der amtlich übrigens Karlsplatz heißt, existiert als offizieller Platz seit 1791. Damals trug er noch den Namen Neuhauser-Tor-Platz. Der Grund: Der jetzige Karlsplatz lag auf der Salzstraße, die zum Örtchen – und heutigen Stadtteil – Neuhausen führte. Die Ursprünge liegen allerdings noch weiter zurück, die Wurzeln des Karlsplatzes sind bereits im 14. Jahrhundert zu finden. Auf dem Platz im Herzen Münchens wurde zu dieser Zeit ein Tor errichtet, das heutige Karlstor (früher Neuhauser Tor). Neben dem Isar- und Sendlinger Tor das dritte Münchener Stadttor. Für mich jedenfalls war der Stachus jetzt nur eins: Meine Endstation, die mir mit Karamelleis, Cola light und großem Kino (Leute beobachten ist einfach grandios!) einen fulminanten Ausklang offerierte.

Musikanten am Karlstor

Mein Fazit

München hat mehr Sonnenscheinstunden und grantige Menschen als die meisten deutschen Großstädte. Dann wären da noch die besten Brezen, mein heißgeliebtes Oktoberfest, der Englische Garten, das Glockenbachviertel und, und, und. Summa Summarum: Die Weltstadt hat tatsächlich ein großes Herz und berührt auch meins immer wieder.

Meine Bewertung:

Sightseeing:

Verkehrsmittel:

Essen & Trinken:

Shopping:

Links zu München

Viktualienmarkt: http://www.viktualienmarkt-muenchen.de/

Katholische Stadtpfarrei St. Peter München: http://www.alterpeter.de/

Heilig Geist Kirche: http://www.heilig-geist-muenchen.de/?c=0

Karl-Valentin-Museum: http://www.valentin-musaeum.de/

Theatinerkirche: http://www.theatinerkirche.de/

Palais Leuchtenberg:
http://www.muenchen.de/sehenswuerdigkeiten/orte/120390.html

Residenz München: http://www.residenz-muenchen.de/

Klassik am Odeonsplatz: http://klassik-am-odeonsplatz.de/

Hofgarten am Odeonsplatz:
http://www.muenchen.de/sehenswuerdigkeiten/orte/120231.html

Hofbräuhaus: http://www.hofbraeuhaus.de/

1 Tag in Heidelberg

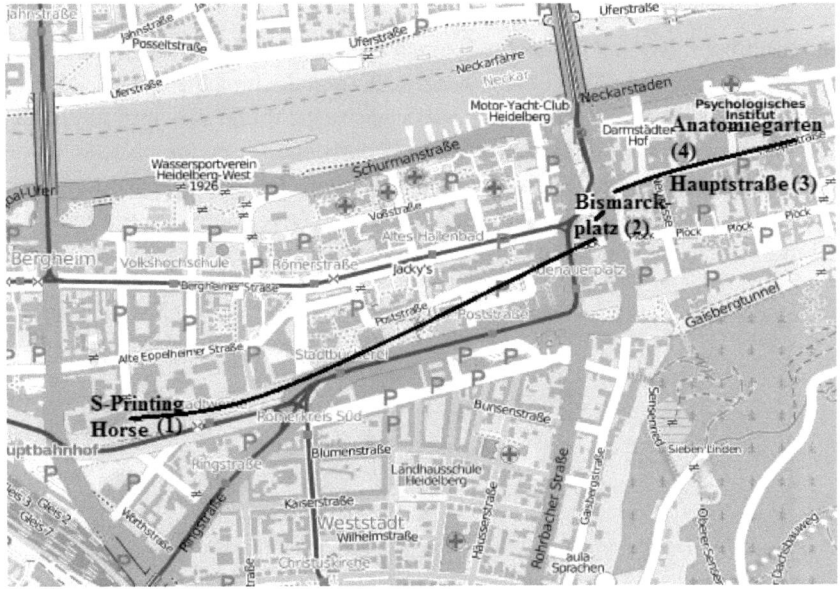

Heidelberg-Route Teil 1. Quelle: OpenStreetMap und Mitwirkende, CC BY-SA

Ein Fotomotiv jagt das nächste

Vom Bahnhof direkt zum ersten Fotospot: dem S-Printing Horse

Ächzend beförderte ich meinen schweren Koffer ins Schließfach am Bahnhof. Ich hatte extra das größtmögliche ausgesucht und doch passte mein fetter Reisebegleiter kaum hinein. Glücklich und verschwitzt drehte ich aber schließlich den Schlüssel um und marschierte zur Touristeninformation. Nachdem ich einen Stadtplan ergattert hatte, stand ich vor dem Bahnhofsgebäude und war sofort in meinem Element, der Jagd auf Fotomotive. Von der Skulptur „S-Printing Horse" (1) brauchte ich dringend ein Erinnerungsbild.

Das S-Printing Horse

Danach machte ich mich auf den Weg gen Altstadt. Rund 20 Minuten dauerte mein strammer Fußmarsch. Zugegeben, ich bin vielleicht etwas verwöhnt von Köln, Hamburg oder München, wo die Fußgängerzone quasi direkt an den Hauptbahnhof grenzt. Motzen kam allerdings auf keinen Fall infrage. Viel zu gerne war ich auf Reisen und viel zu sehr freute ich mich auf Heidelberg. Mein letzter Besuch der Stadt am Neckar lag lange zurück. *„Geh auf jeden Fall aufs Schloss"*, hatte mir eine Freundin geraten, die sechs Jahre in Heidelberg gewohnt hatte. Dies sollte der Höhepunkt meines Tagesprogramms sein – im wahrsten Sinne des Wortes. Aber zunächst stand ich auf dem Bismarckplatz (2). Er gilt als zentraler Platz und ist der Eingang zur Altstadt. Außer jeder Menge Verkehr und einem Weihnachtsmarkt konnte ich jedoch nicht viel Spektakuläres erspähen.

Eingang zur Altstadt – der Bismarckplatz

Flanieren auf der Hauptstraße

Ich bog auf die Hauptstraße (3) ab und dort blieb ich vorerst. Wer bei Hauptstraße wie ich an eine dichte befahrene Durchgangsstraße denkt, irrt. In Heidelberg ist das die Fußgängerzone und führt vom Bismarckplatz bis zum Karlstor. Ich zog die Kapuze über meine Wollmütze, denn es war nicht bloß schweinekalt, sondern auch noch extrem windig. Ich war versucht, mich gleich in die ersten Geschäfte zu stürzen. Dort wäre es warm und gemütlich gewesen und neue Schuhe hätte ich auch gebraucht – aber nein!

Auf der Hauptstraße fiel mir als Erstes ein kleiner Mann auf, der einfach nur dasaß und in seiner Zeitung las. Das würde er wohl auch noch eine ganze Weile tun, es handelte sich nämlich um eine Statue: 1986 schuf der Bildhauer Pieter Sohl die Figur, die seitdem am Anfang der Hauptstraße ihren Platz hat.

Meine erste Begegnung auf der Hauptstraße

Immer die Hauptstraße entlang

Der Anatomiegarten – was ist das?

Die Schuhe mussten warten, ich hatte etwas anderes geplant. Während ich mich also zu disziplinieren versuchte, eröffnete mir ein Blick auf den Stadtplan, dass ich mich in Höhe des Anatomiegartens (4) befand. Darunter konnte ich mir so gar nichts vorstellen. Als Erstes stellte ich fest, dass dort bereits die nächsten Christkindlmarkt-Buden standen. Bei dem sensationellen Geruch von gebrannten Mandeln geriet ich ruckzuck in Versuchung, ließ mich aber von einer Statue in Lebensgröße ablenken. Es war der Chemiker Robert Bunsen, der zu seinen Lebzeiten in Heidelberg unterrichtet hatte. Mit Schaudern dachte ich an den Bunsenbrenner und meine Talentfreiheit im Chemieunterricht zurück. Ich hatte es halt mehr mit den Sprachen, relativierte ich meine grottenschlechte Schulnote in diesem Fach und widmete mich nochmals Herrn Bunsen. Eigentlich ein sympathischer Kerl – allerdings gehen so einige Explosionen im Friedrichsbau direkt hinter der Statue auf sein Konto.

Skulptur von Robert Bunsen

Ich verabschiedete mich wieder vom Namensgeber des Bunsenbrenners und kehrte auf die Hauptstraße zurück. Meine Kamera brauchte ich gar nicht mehr wegzupacken, schließlich knipste ich im Minutentakt. Die Fußgängerzone strotzte nur so von alten, imposanten und charmanten Häusern. Immer wieder

schlenderte ich nach rechts, in eine der zahlreichen, zauberhaften Seitensträß-
chen: Kein Wunder, dass Heidelberg zu den schönsten Städten Deutschlands
zählt.

Weihnachtliche Stimmung überall

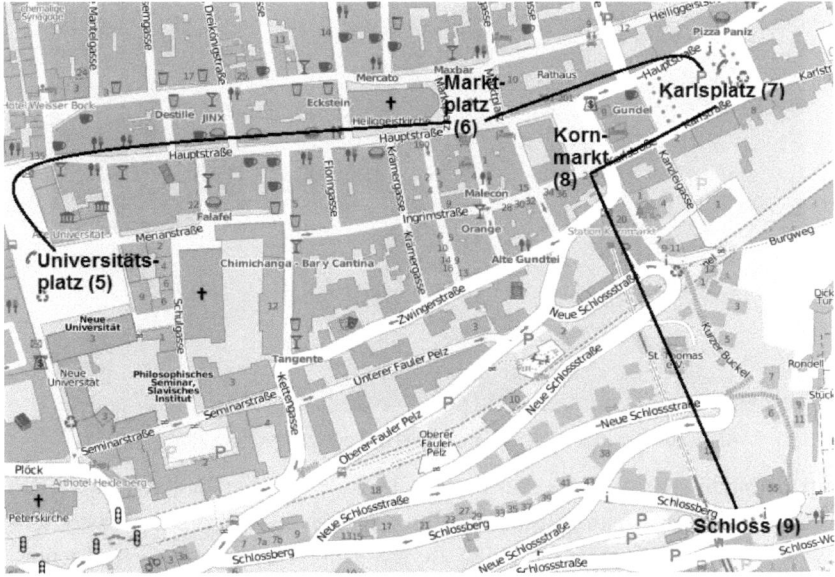

Heidelberg-Route Teil 2. Quelle: OpenStreetMap und Mitwirkende, CC BY-SA

Die Heidelberger Universitäten

Mein nächstes Etappenziel war der Universitätsplatz (5). Und spätestens jetzt dämmerte es mir, dass auf jedem der großen Plätze ein Weihnachtsmarkt stattfand. Als Belohnung für meine glorreiche Erkenntnis gönnte ich mir einen Glühwein. Es war zwar erst kurz nach 13 Uhr, aber Glühwein ist mittagstauglich. Auch wenn der Universitätsplatz mit 70 Buden gefüllt war, inspizierte ich dieses Gelände etwas genauer.

Auch der Universitätsplatz erstrahlte in weihnachtlichem Ambiente

Dort befinden sich die Alte sowie Neue Universität, die für ihren guten Ruf bekannt sind. Mit Pfennigabsätzen sollte man auf dem Kopfsteinpflaster aufpassen – zum Glück hatte ich keine an. Der Universitätsplatz wechselte übrigens mehrfach seinen Namen. Aus ursprünglich Paradeplatz, dann Ludwigsplatz, wurde schließlich 1928 der Universitätsplatz – zwischen 1937 und 1945 war es der Langemarckplatz. Mit dieser Weisheit bereichert, ernannte ich „Café aufsuchen" zu meiner nächsten Mission, denn es war eiskalt. Trotz meiner voluminösen Kopfbedeckung fühlte ich mich wie Rudolph (the red nosed reindeer). Zudem hatte ich Hunger oder nennen wir es mal Gelüste auf eine süße Leckerei. Diese fand ich in der Auslage der Altstadtbäckerei zu Hauf. Ich ergab mich meiner inneren Stimme und genehmigte mir eine kalorienreiche Pause.

Marktplatz, Karlsplatz, Kornmarkt

Zu DEN Klassikern eines Weihnachtsmarktes dürfte die Weihnachts-Pyramide mit ihren niedlichen Figuren zählen. Und jene steht in Heidelberg am Marktplatz (6), wo sie Herrn Herkules Konkurrenz macht.

114

Ein Weihnachtsmarkt-Klassiker: die Pyramide

Im Gegensatz zu der weihnachtlichen Dekoration steht der griechische Held aus der Antike das ganze Jahr über auf dem Marktplatz. Und das bereits seit 1709, erschaffen vom Bildhauer Johann Martin Laub. Dabei erinnert der Herkulesbrunnen an den aufwendigen und kräftezehrenden Wiederaufbau von Heidelberg nach dem Dreißigjährigen Krieg und an den Pfälzischen Erbfolgekrieg. Kräftezehrend ist ebenfalls das Stichwort meines nächsten und letzten Vorhabens. Nachdem ich kurz den Karlsplatz (7) mit seinen netten Studentenkneipen inspiziert hatte, stand ich auf dem angrenzenden Kornmarkt (8). Dort konnte ich einen weiteren Weihnachtsmarkt, den Sebastian-Münster-Brunnen und eine zauberhafte Madonnen-Statue bewundern.

Madonnen-Statue am Kornmarkt

Heidelberger Schloss – das Highlight der Stadt

Ich genoss noch eine Weile die Idylle am Kornmarkt und blickte gespannt zu meinem Tagesziel. Hoch oben lag das Schloss (9). Nicht nur wegen seiner Lage ist es ein absolutes Highlight in Heidelberg. Den Besuch empfahl mir eine Freundin und jeder Reiseführer, Einheimische und Tourist tut es ihr gleich. Somit schritt ich zur Tat.

Verführung zur Bequemlichkeit: Bergbahnen Heidelberg

Auf meinem Weg verführte mich beinah die Talstation der Bergbahnen Heidelberg zur bequemen Fahrt auf den Berg – als Allgäuerin muss ich sagen, es ist nur ein etwas höherer Hügel. Aber nein, ich hockte mich nicht in die Gondel, sondern näherte mich dem faszinierenden Schloss per Pedes. An einer Weggabelung hatte ich schließlich die Wahl: Zehn Minuten über den Burgweg oder 31 Stufen und ebenfalls zehn Minuten über den kurzen Buckel. Ich wählte die erste Variante. Keuchend, aber immerhin schnell kam ich am Schloss an.

Wer die Wahl hat, hat die Qual.

Das Schloss und der Schlossgarten

Dass ich mich umdrehte und erst einmal fünf Minuten stehen blieb, war keine Regenerationsmaßnahme – okay, ein kleinwenig vielleicht doch. In erster Linie frönte ich allerdings dem fantastischen Ausblick auf Heidelberg und den

Neckar. Bevor ich weiterlief, musste ich mich erneut entscheiden. Schlossgarten for free oder der Schlosshof für 6 Euro (inklusive Großes Fass, Deutsches Apothekenmuseum und Bergbahn) . Ich wollte ohnehin beides sehen und wählte zuerst den Schlosshof.

Blick durchs Gitter

Das Schloss aus rotem Neckartaler Sandstein gilt als eine der berühmtesten Schlossruinen weltweit. Leider meinte es die Natur zeitweise schlecht mit dem Bauwerk. Nachdem das Schloss schon während des Erbfolgekriegs großen Schaden genommen hatte, schlug gleich zweimal der Blitz ein. Beim zweiten Mal so heftig, dass das Schloss abbrannte und als Ruine zurückblieb. Seiner Imposanz tat dies allerdings keinen Abbruch. Die rund eine Million Besucher pro Jahr sehen das wohl genauso.

Die Folgen eines Blitzschlags

Auch ich bewunderte die Architektur im Stil der Renaissance. Zwar kenne ich mich eher mäßig mit architektonischen Meisterleistungen aus, hin und weg war ich trotzdem. Nicht weniger beeindruckte mich dann der Schlossgarten – der Hortus Palatinus. Eine herrliche Oase mit Brunnen und allerlei Figuren. Im 17. Jahrhundert wurde der Schlossgarten samt seinen Gartenterrassen sogar als achtes Weltwunder gehandelt.

Der Hortus Palatinus – eine wahre Oase

119

Oha, ich war echt beeindruckt. Der absolute Knaller ist die Lage unterhalb vom Königsstuhl und die grandiose Aussicht. Da ich nicht direkt am Abgrund stand, konnte mir selbst meine Höhenangst den Genuss nicht vermiesen. Ich tingelte um die Rückseite des Schlosses, bevor ich die 303 Stufen wieder nach unten stieg. In nur acht Minuten, und ich fühlte mich dabei ein bisschen wie eine Prinzessin.

Fantastischer Ausblick auf Heidelberg

Mein Fazit

Heidelberg ist ein süßes Städtchen. Statt Großstadthektik gibt's hier ein zauberhaftes (Altstadt-) Flair und einen Hauch von Romantik. Vielleicht liegt das mit der Romantik auch am Schloss, es ist auf jeden Fall mein absolutes Highlight in der Stadt am Neckar. Heidelberg lohnt sich übrigens auch sehr zur Weihnachtszeit. Die ganze Stadt gleicht dann einem Christkindelsmarkt.

Meine Bewertung:

Sightseeing:

Verkehrsmittel:

Essen & Trinken:

Shopping:

Links zu Heidelberg

Fußgängerzone:
http://www.belocal.de/heidelberg/sehenswuerdigkeiten/fussgaengerzone/7604

Anatomiegarten:
http://ww2.heidelberg.de/kinderstadtplan/html/sehenswertes/plaetze/anatomie.html

Schloss Heidelberg: http://www.schloss-heidelberg.de/

Bergbahnen Heidelberg: http://www.bergbahn-heidelberg.de/

Schlossgarten: http://www.schloss-heidelberg.de/schloss-garten/

Preise Schlosshof: http://www.deutsches-apotheken-museum.de/services/besuch1.php?WEBYEP_DI=1

Bildnachweis

Alle Bilder innerhalb dieses Buches stammen von:

•Martina Dannheimer

•OpenStreetMap und Mitwirkende, CC BY-SA

•jara3000: http://www.shutterstock.com/pic-132687290/stock-vector-high-heel-shoes-silhouette.html?src=csl_recent_image-1

Lesetipp

Einmal quer durch Kanada

von Alexander & Cindy Fischer

Jetzt kaufen auf www.grin.com

Berge, Seen, Wasserfälle und wilde Bären in Nationalparks einerseits und Großstadtflair in Vancouver, Toronto, Montreal und Ottawa andererseits - so malten sich Alexander und Cindy Fischer ihren 4-wöchigen Mietwagen- und Wanderurlaub in Kanada aus. In diesem Buch schildern sie ihre ganz persönlichen Eindrücke von den großen Nationalparks Jasper, Yoho, Mount Revelstoke und Banff und erzählen von ihrer Suche nach wilden Tieren, von schwierigen Wanderwegen, tosenden Wasserfällen und den fantastischen Berglandschaften, die Kanadas Natur so einzigartig machen. Auch in den Städten entdeckten die Autoren Ungewöhnliches und Interessantes: Eine dampfende Uhr in Vancouver, ein komplett überdachtes Straßensystem in Calgary, ein mittelalterlich anmutendes Schloss in Quebec, den rot-gold-leuchtenden Indian Summer in Ottawa und einen riesigen Turm in Toronto. Und natürlich darf auch ein Abstecher zu den berühmten Niagara-Fällen und ins nahe gelegene New York in den USA nicht fehlen. Sie erfahren in diesem Buch, was Sie bei einem Kanada-Besuch auf keinen Fall versäumen dürfen, aber auch, worauf Sie getrost verzichten sollten. Dazu liefern die Autoren jede Menge praktische Tipps, die auch gleich mit aktiven Links ins Internet versehen und somit direkt aus dem E-Book heraus aufrufbar sind. So können Sie Ihre Reise mit stets aktuellen Informationen z. B. zu Öffnungszeiten und Eintrittspreisen perfekt vorbereiten. ISBN: 978-3-656-36292-0